¿QUÉ PASARÍA SI CREYERAS EN TI?

CAROLINA ALBA

A todas las mujeres que han caminado en medio de la duda, el dolor y la soledad. A las que han sentido que su voz no importa y que su esfuerzo nunca es suficiente. A cada mujer valiente que, aunque su corazón y su cuerpo estén cansados, se levanta cada día con la esperanza de que algo puede cambiar. A aquellas que creen que ya no hay salida, pero que aún se atreven a soñar con una nueva oportunidad.

A mi hija Mariana, mi mayor inspiración. Su ternura y amor iluminan mis días. Solo necesito mirarla para encontrar la fuerza que me impulsa a seguir adelante, incluso en los momentos más oscuros. Verla crecer me motiva a convertirme en la mejor versión de mí misma.

A mi mamá, por ser un ejemplo de lucha y fortaleza. A pesar del cansancio, siempre ha encontrado la manera de estar para mí, apoyándome incondicionalmente. Sin su amor y enseñanzas, este libro no sería una realidad.

A mi hermana Karen. A pesar de la distancia, siempre ha estado presente en los momentos importantes. Fue la primera en leer algunos de los borradores de este libro, animándome cuando las ideas parecían no encajar y recordándome que sí podía lograrlo.

A mis abuelas, tías y primas, que con su ejemplo y apoyo han sido parte de mi crecimiento. Sus vidas y enseñanzas han estado presentes en muchas de estas páginas.

A mi papá y a mi hermano, porque, aunque este libro está dedicado especialmente a las mujeres, ellos también han sido fundamentales en mi vida. Su apoyo silencioso, pero constante, me ha recordado que nunca estoy sola en este camino.

Y, sobre todo, a Dios. Mi refugio en cada tormenta, mi guía en cada decisión y el origen de cada palabra escrita en este libro.

Que estas páginas sean un abrazo, una lámpara en el camino y un recordatorio de que, con fe, amor y determinación, todo es posible.

Con cariño,

Carolina Alba

Tabla de Contenido

PRÓLOGO

Durante años, he trabajado con personas que han construido fortunas, han transformado sus vidas por completo y han alcanzado niveles de éxito que parecían imposibles. Y si hay algo que he aprendido en todo este tiempo, es esto: la única diferencia entre quienes lo logran y quienes se quedan soñando es que los primeros tomaron la decisión de confiar en sí mismos.

Déjame decirte algo que quizá nunca te han dicho con esta claridad: todo lo que deseas en la vida ya está disponible para ti, pero jamás lo alcanzarás si no crees en ti misma. No es una exageración. Es una verdad que pocos se atreven a aceptar.

Y aquí estás tú, con este libro en tus manos, en el momento perfecto. No llegaste aquí por casualidad. Dentro de ti hay una parte que sabe que es tiempo de despertar, de soltar las excusas, de dejar de mirar desde la barrera y de empezar a tomar control de tu vida.

Carolina ha escrito este libro para ti. Y no para darte palabras bonitas ni falsas motivaciones. Este es un manual de transformación, un camino claro para que rompas con las dudas, para que te des cuenta de que nunca te ha faltado nada y para que, de una vez por todas, te atrevas a convertirte en la mujer que naciste para ser.

Voy a retarte: no leas este libro como una simple espectadora, léelo como una mujer decidida a transformar su vida. Porque al final de estas páginas, la única pregunta que realmente importará es esta:

¿Qué pasaría si creyeras en ti?

Ahora es momento de descubrirlo. Bienvenida a tu transformación.

Con admiración y respeto,

Spencer Hoffmann

INTRODUCCIÓN

¿ Y si todo lo que buscas ya está dentro de ti?

¿Cuántas veces has sentido que, sin importar cuánto das, nunca es suficiente? Que por más que te esfuerces, nadie realmente lo nota. Que los días pasan en una rutina donde cumples con lo que se espera de ti, pero en el fondo sientes que falta algo. Tal vez en casa, donde el amor se ha convertido en un deber silencioso. Donde cuidas, organizas y das, pero nadie pregunta cómo estás. O en el trabajo, donde intentas demostrar tu valía, pero la sensación de ser invisible se instala en tu pecho.

Hubo un tiempo en el que cada día me sentía exactamente así. Me despertaba con una lista interminable de cosas por hacer, atendía a todos menos a mí y, al final del día, me sentía agotada, pero insatisfecha. Como si algo en mi interior supiera que había más para mí, pero no tuviera idea de cómo encontrarlo.

Recuerdo una noche en particular. Mi hija ya dormía, y la habitación estaba en completo silencio. Pero dentro de mí, mi mente no paraba. Lloraba en silencio, tratando de no despertarla. "¿Es esto todo lo que soy? ¿Todo lo que seré?" Me sentía egoísta por siquiera pensarlo. "Debería sentirme agradecida." Pero en lo más profundo, había algo que no me dejaba tranquila. Sentía que había algo más para mí.

No hablo de cosas materiales. Hablo de plenitud, de propósito, de una vida en la que pudiera mirarme al espejo y sentir que estaba viviendo de verdad. Fue en ese momento cuando me hice la pregunta que lo cambió todo: ¿Y si el problema no es la vida que tengo, sino la forma en la que la estoy viendo? ¿Y si todo lo que estaba buscando afuera—validación, reconocimiento, amor—ya estaba dentro de mí, esperando a ser descubierto?

Pero en esos momentos, cuando la carga parecía abrumadora y la duda se instalaba en mi corazón, siempre había una pequeña chispa de esperanza. Tímida, pero suficiente para recordarme que, incluso en la oscuridad, hay algo dentro de nosotras que nos empuja a seguir. Una voz que me decía que no estaba sola, que mi valor no dependía de la opinión de otros y que había una fuerza más grande sosteniéndome. Esa voz era la de Dios. Mi ancla cuando todo parecía tambalearse.

Dios no se mostraba en grandes gestos, pero Su presencia era constante. Lo sentía en los detalles: en un nuevo amanecer, en el abrazo de alguien querido, en una frase leída en el momento justo, en esa sensación de saber que, a pesar de todo, podía seguir adelante. Comprender que no estaba sola fue un punto de inflexión en mi vida. Fue entonces cuando entendí que no solo estaba sobreviviendo, sino que podía aprender a vivir y a redescubrir mi propia luz.

Este libro no es solo mi historia; es la historia de todas las mujeres que, en algún momento, se han sentido pequeñas en un mundo que las empuja a ser más grandes de lo que creen poder ser. Es un espacio de reconocimiento, de reflexión y de sanación. Un lugar donde la vulnerabilidad no es una debilidad, sino la puerta de entrada a la verdadera fortaleza. A lo largo de estas páginas, encontrarás versos bíblicos que no buscan ser una lección, sino un susurro de esperanza, un recordatorio de que, incluso en los días más oscuros, hay una luz esperando para guiarte.

Mi deseo es que, sin importar tu fe o creencias, encuentres en estas palabras un eco de tu propia fuerza y la certeza de que, sobre todas las cosas, hay un propósito y un amor que te sostiene.

Si alguna vez has sentido que hay algo más para ti, este libro es la prueba de que no estás equivocada. No encontrarás fórmulas mágicas ni promesas vacías, pero sí algo más valioso: un mapa para que vuelvas a creer en ti.

Compartiré herramientas y reflexiones que han transformado mi vida y la de muchas mujeres que decidieron dejar de esperar el momento perfecto y empezar a construirlo. No importa en qué etapa de tu vida estés, ni cuántas veces hayas dudado de ti. Lo único que importa es esto: hoy estás aquí. Y eso significa que algo dentro de ti está listo para cambiar.

El viaje que estás a punto de comenzar no será fácil. Habrá momentos incómodos, momentos de verdad y momentos en los que querrás volver a tu zona segura. Pero si sigues adelante, descubrirás algo increíble.

Introducción

Descubrirás que siempre fuiste suficiente, que siempre tuviste el poder de cambiar tu historia y, lo más importante, que tu mejor versión siempre ha estado dentro de ti.

Así que dime...

¿estás lista para comenzar este viaje?

Capítulo 1
Una invitación a soñar de nuevo

¿ Cuándo fue la última vez que soñaste sin miedo?

Cierra los ojos por un momento y respira hondo. Trata de recordar la última vez que te permitiste soñar sin miedo, sin límites, sin que la realidad se impusiera como un obstáculo imposible de vencer. ¿Recuerdas esa sensación? Tal vez fue en la infancia, cuando el mundo aún parecía lleno de posibilidades y la vida no estaba gobernada por las responsabilidades, el miedo o las expectativas ajenas.

En algún punto de nuestra historia, muchas mujeres dejamos de soñar. No porque queramos, sino porque la vida nos ha enseñado que los sueños son un lujo, que es más importante ser realistas, cumplir con lo que se espera de nosotras y asegurar la estabilidad antes que arriesgarnos a perseguir aquello que realmente nos haría felices. Nos convencieron de que la pasión y la plenitud eran secundarias, que lo sensato era resignarnos a lo que nos tocó vivir. Y así, casi sin darnos cuenta, un día despertamos atrapadas en una rutina donde damos, cumplimos, cuidamos y trabajamos, pero olvidamos quiénes somos y qué queremos.

El día en que dejé de soñar

No sé exactamente cuándo sucedió. No hubo un momento en particular, solo pasó. Un día tras otro, me fui acostumbrando a la rutina, a las responsabilidades, a hacer lo que debía sin cuestionar si eso era lo que realmente quería.

El peso invisible que cargamos

Hasta que, en una conversación casual con una amiga, me hizo una pregunta inesperada: *Cuéntame, ¿qué te apasiona ahora? ¿Qué estás haciendo para ti?* Por un instante, quise responder con algo convincente, pero mi mente se quedó en blanco. Busqué dentro de mí algún sueño reciente, algo que me emocionara, pero lo único que encontré fue silencio.

"Bueno... ya sabes, la vida sigue su curso. El trabajo, la casa... lo de siempre", respondí con una sonrisa que intentaba disimular el nudo en mi garganta.

Pero esa pregunta se quedó conmigo. Durante días, resonó en mi mente como un eco persistente. ¿Cuándo fue la última vez que hice algo que realmente me hiciera sentir viva? ¿Cuándo dejé de soñar?

Y entonces lo entendí. No fue una decisión consciente, simplemente ocurrió. En algún punto del camino, dejé de preguntarme qué quería para mí. Me convencí de que había cosas más importantes, que mis sueños podían esperar y que soñar no era una necesidad. Sin darme cuenta, había enterrado mis propios deseos bajo capas de responsabilidades, miedo y expectativas ajenas. Había estado viviendo en automático, cumpliendo con lo que se esperaba de mí, sin detenerme a preguntar qué era lo que realmente quería.

Y lo peor de todo, me di cuenta de que no era la única.

El miedo disfrazado de realismo

No dejamos de soñar porque queremos, dejamos de soñar porque en algún punto de nuestra vida, alguien nos hizo creer que no éramos capaces, que no teníamos derecho o que era demasiado tarde. Nos dijeron que la estabilidad era más importante que la pasión, que arriesgarnos era peligroso, que los sueños eran para las niñas, no para las mujeres con responsabilidades.

Y así, con el paso del tiempo, nos acomodamos en la "realidad" y dejamos de escuchar esa voz interna que nos decía que podíamos más. Pero quiero decirte algo importante: *esa voz sigue ahí*. Puede estar apagada, puede estar escondida, pero no ha desaparecido.

Dios nos diseñó con un propósito. No estamos aquí solo para existir, para cumplir con lo que se espera de nosotras y nada más. En Jeremías 29:11, Él nos recuerda: *"Porque yo sé los planes que tengo para ustedes, planes de bienestar y no de calamidad, a fin de darles un futuro y una esperanza"*. Si Dios mismo ha puesto en nuestro corazón sueños y anhelos, ¿por qué nos resistimos a escucharlos?

Reescribiendo nuestra historia

Este libro no es solo para inspirarte, es para despertarte. No quiero que solo leas estas palabras, quiero que las sientas, que te detengas, que reflexiones, que te atrevas a hacerte preguntas incómodas. Porque despertar

El peso invisible que cargamos

no es fácil, a veces requiere que enfrentemos verdades que hemos evitado por mucho tiempo.

Tómate un momento para responder con total honestidad:

1. ¿Cuándo fue la última vez que soñaste sin miedo?

_____

_____

_____

2. Si supieras que no puedes fallar, ¿qué harías?

_____

_____

_____

3. Si no importara el dinero, el tiempo o la opinión de los demás, ¿qué te gustaría hacer con tu vida?

_____

_____

_____

4. ¿Qué sueños enterraste porque alguien te hizo creer que eran imposibles?

_____

_____

_____

Escribe tus respuestas, no pienses demasiado, no te preocupes por lo lógico. Simplemente deja que tu corazón hable. Es común creer que nuestros sueños murieron, pero la verdad es que solo están dormidos, esperando a que les demos una oportunidad de renacer.

Un nuevo comienzo

Es posible que ahora mismo te sientas atrapada en una vida que no refleja tus verdaderos deseos. Que creas que ya es tarde para cambiar, que lo que quieres está fuera de tu alcance. Pero quiero decirte algo: *no es demasiado tarde. ¡Nunca lo fue!*

La vida no se trata solo de cumplir con lo que se espera de ti. También se trata de darte permiso para ser la persona que siempre quisiste ser. Dios no nos llamó a vivir en conformidad, sino en plenitud. En Isaías 43:19, Él nos dice: *"Pues estoy a punto de hacer algo nuevo. Mira, ya está sucediendo, ¿no lo ves? Haré un camino en el desierto y ríos en tierras estériles".*

Tal vez hoy sientas que tu vida ha sido un desierto, un lugar donde los sueños parecen haberse secado. Pero lo hermoso de la promesa de Dios es que Él es capaz de traer vida incluso en los lugares más áridos.

Hoy, justo en este momento, tienes la oportunidad de despertar una nueva historia, un nuevo capítulo y un nuevo sueño.

Y todo comienza con una simple pregunta:

¿Estás lista para soñar de nuevo?

CAPÍTULO 2
El peso invisible que cargamos

En el capítulo anterior hablamos sobre los sueños que dejamos atrás. Sobre cómo, sin darnos cuenta, aprendimos a conformarnos con lo que la vida nos pone enfrente en lugar de perseguir lo que realmente queremos. Pero ¿qué es lo que nos impide iniciar el cambio?

La respuesta no siempre es obvia. Muchas veces no es la falta de oportunidades, ni siquiera la falta de tiempo o de recursos. Es algo más profundo, más sutil: un peso invisible que hemos cargado durante tanto tiempo que ya ni siquiera lo notamos.

Cargando más de lo que podemos sostener

Desde pequeñas aprendemos que ser fuertes es lo que se espera de nosotras. Nos enseñan que debemos ser responsables, que hay que cuidar de los demás, ser buena madre, buena hija, buena esposa o buena profesional significa sacrificarnos. Y lo hacemos. Día tras día, nos ponemos la armadura y seguimos adelante, aunque estemos cansadas, aunque dentro de nosotras haya una voz que susurra que algo no está bien.

Cargamos con la culpa de no hacer lo suficiente, con las expectativas de los demás, con el miedo a decepcionar. Arrastramos heridas del pasado que nunca sanaron del todo, y todo ese peso nos va desgastando.

Al principio, lo ignoramos. Nos convencemos de que podemos con todo. Pero llega un punto en el que algo dentro de nosotras se rompe. Nos sentimos agotadas, pero no solo físicamente. Es un cansancio más profundo, uno que no se alivia con dormir más horas o tomar unas vacaciones. Es el agotamiento de cargar con una vida que no nos permite ser nosotras mismas.

Las cargas que nadie ve

Muchas veces, este peso no es visible para los demás. Desde afuera, parece que todo está en orden, que lo estamos manejando bien. Y lo peor es que nos acostumbramos a fingir que así es. Hemos aprendido a ocultar el cansancio con una sonrisa. A decir "estoy bien" cuando en realidad nos sentimos al borde del colapso. A seguir adelante porque creemos que no tenemos otra opción.

Pero la verdad es que sí la tenemos. Dios nunca quiso que lleváramos estas cargas solas. En Mateo 11:28-30, Jesús nos dice: *"Vengan a mí todos ustedes que están cansados y agobiados, y yo les daré descanso. Carguen con mi yugo y aprendan de mí, pues soy apacible y humilde de corazón, y encontrarán descanso para su alma. Porque mi yugo es suave y mi carga es liviana."* Esta no es solo una promesa, es una invitación. Un recordatorio de que no estamos solas, de que no fuimos creadas para vivir con esta carga sobre nuestros hombros.

¿Qué estás cargando que ya no te pertenece?

Es momento de detenernos y hacer una pausa. De preguntarnos qué es lo que hemos estado cargando innecesariamente. Porque antes de avanzar, antes de atrevernos a soñar de nuevo, necesitamos soltar lo que nos pesa. Tómate un momento y reflexiona sobre estas preguntas:

1. ¿Qué responsabilidades has asumido que en realidad no te corresponden?

   _____

   _____

   _____

2. ¿Cuántas veces has dicho "sí" cuando querías decir "no" solo para no decepcionar a alguien?

   _____

   _____

   _____

3. ¿Qué heridas del pasado sigues arrastrando sin darte cuenta?

   _____

   _____

   _____

4. ¿Cuáles son las expectativas que sientes que debes cumplir, pero que en realidad no reflejan lo que tú quieres para tu vida?

_____

_____

_____

Escribe tus respuestas, no te apresures, permítete sentir cada una de ellas. Porque reconocer el peso que llevamos es necesario para empezar a soltarlo.

La decisión que aligera el alma

Soltar no es fácil. A veces nos aferramos a nuestras cargas porque nos han acompañado por tanto tiempo que nos parecen familiares. Nos convencemos de que es normal sentirnos así, que es parte de la vida. Pero déjame decirte algo: no tiene por qué ser así. No tienes que seguir cargando con el peso del pasado, con la culpa, con el miedo, con las expectativas de los demás.

Dios te llama a soltar lo que no te pertenece. A confiar en que hay un propósito más grande para ti. Isaías 41:10 dice: _"No temas, porque yo estoy contigo; no te angusties, porque yo soy tu Dios. Te fortaleceré y te ayudaré; te sostendré con mi diestra victoriosa."_

Tienes derecho a soltar, tienes derecho a descansar, tienes derecho a vivir sin sentir que llevas el mundo sobre los hombros. Y lo más hermoso es que, cuando soltamos lo que nos pesa, abrimos espacio para recibir lo que realmente nos llena.

Un nuevo comienzo

Este capítulo no tiene todas las respuestas, pero sí una verdad fundamental: no fuiste creada para vivir agotada y sobrecargada. Quiero invitarte a hacer algo. Cierra los ojos por un momento y visualiza todas esas cargas que has llevado durante tanto tiempo. Imagínalas como una mochila pesada en tu espalda. Ahora, imagina que la sueltas, que la dejas ir, que entregas cada preocupación, cada miedo, cada expectativa a Dios.

Respira, porque este es el comienzo hacia una vida más ligera, más libre y más plena. Una vida donde puedes volver a soñar sin miedo.

CAPÍTULO 3

Los caminos que no nos llevan a ningún destino

Después de reconocer el peso invisible que hemos cargado durante tanto tiempo, muchas intentamos buscar alivio. Queremos sentirnos mejor, más ligeras, con más propósito. Pero sin darnos cuenta, caemos en soluciones temporales que no nos llevan a ninguna parte. Buscamos respuestas en los lugares equivocados. Intentamos llenar los vacíos con lo que parece más accesible. Pero al final, terminamos en el mismo punto, con la misma sensación de agotamiento y frustración.

A continuación, te presento algunos de esos caminos que parecen soluciones, pero que en realidad solo nos mantienen atrapadas.

Buscar validación en los demás

Desde pequeñas nos enseñaron a complacer. A ser "buenas niñas", a hacer lo correcto, a asegurarnos de que los demás estén felices con nosotras. Sin darnos cuenta, aprendimos a medir nuestro valor en función de la aprobación ajena. Nos esforzamos por ser las mejores madres, hijas, amigas, esposas, profesionales. Y cuando alguien nos reconoce, nos sentimos bien... pero solo por un momento. Porque ese tipo de validación es frágil, depende de factores externos y siempre nos deja con hambre de más.

La verdad es esta: tu valor no está definido por lo que los demás piensen de ti. En Gálatas 1:10, Pablo nos recuerda: *"Si yo buscara agradar a los hombres, no sería siervo de Cristo"*. No fuimos creadas para vivir en función de la aprobación de otros. Fuimos creadas para vivir con propósito.

Compararnos con otras mujeres

Vivimos en un mundo donde la comparación es casi inevitable. Vemos la vida de otras mujeres en redes sociales y pensamos que tienen más éxito, que son más felices, que han logrado lo que nosotras aún no. Nos comparamos en todo: en lo profesional y laboral, en los viajes, las experiencias, la vida que aparentan tener, en lo físico, en sus logros, sus familias, sus relaciones...

Lo que no vemos es que cada una tiene su propio proceso, sus propias luchas y sus propias batallas internas. Lo que vemos en redes sociales es solo una parte de la historia, la que otros eligen mostrar. Cuando nos enfocamos en la vida de otras personas, nos distraemos de la nuestra. Perdemos de vista lo que Dios está haciendo en nosotras porque estamos demasiado ocupadas mirando a los lados.

Dios no te hizo para que vivieras comparándote con alguien más. Te hizo única, con un propósito que solo tú puedes cumplir. La única comparación que deberíamos hacer es con nosotras mismas: ¿Soy hoy una mejor versión de quien fui ayer?

Esperar el momento perfecto

¿Cuántas veces has dicho: "Cuando tenga más tiempo, lo haré", "Cuando las cosas se calmen, me enfocaré en mí", "Cuando me sienta más preparada, daré el siguiente paso"?

La idea del "momento perfecto" es una trampa peligrosa porque nos da la ilusión de que en algún punto todo se alineará para que podamos hacer lo que realmente queremos. Pero el momento perfecto no existe. Siempre habrá una razón para posponer, para esperar, para convencernos de que aún no es el tiempo. Mientras tanto, los días siguen pasando, y con cada día que postergamos, nos alejamos más de nuestra propia vida.

Eclesiastés 11:4 nos dice: *"El que vigila el viento no siembra; el que contempla las nubes no cosecha"*. En otras palabras, si sigues esperando el momento ideal, nunca empezarás a avanzar de verdad.

Creer que el cambio está en algo externo

Pensamos que lo que nos falta es una oportunidad, un golpe de suerte, un cambio en nuestras circunstancias. Creemos que si tan solo tuviéramos más dinero, más apoyo, más tiempo, todo sería diferente. Pero la verdadera transformación nunca viene de afuera. Viene de adentro.

Si esperamos que algo externo nos cambie, nos volveremos dependientes de cosas que no podemos controlar. Pero si empezamos a cambiar desde el interior, sin importar lo que pase alrededor, tendremos el poder de construir una vida completamente nueva. Romanos 12:2 nos recuerda: *"No se amolden al mundo actual, sino sean transformados mediante la renovación de su mente"*. El cambio real no sucede cuando el mundo se acomoda a nosotras, sino cuando nosotras decidimos cambiar desde dentro.

Creer que debemos hacerlo todo solas

Vivimos en una cultura que glorifica la independencia. Nos enseñaron que pedir ayuda es una señal de debilidad, que una mujer fuerte es la que puede con todo. Pero esa es una de las mentiras más peligrosas que nos hemos creído. Dios nunca nos pidió que lo hiciéramos todo solas. Nos creó para vivir en comunidad, para apoyarnos unas a otras, para encontrar fortaleza en Él.

En Éxodo 17:12, cuando Moisés estaba cansado y ya no podía sostener sus brazos en la batalla, Aarón y Hur lo ayudaron a levantarlos. A veces, la verdadera fortaleza está en permitirnos ser sostenidas. Si hay algo que necesitas aprender hoy, es esto: pedir ayuda no te hace débil, te hace sabia.

Entonces, ¿qué podemos hacer?

Si reconoces que has estado atrapada en uno de estos caminos, no te culpes. No estás sola. Todas hemos caído en estas trampas en algún momento de nuestra vida. Lo importante no es el error, sino lo que hacemos con él. Hoy te invito a reflexionar:

1. ¿En qué áreas de tu vida has estado buscando soluciones temporales en lugar de transformación real?

_____

_____

_____

2. ¿Qué has estado posponiendo por miedo o por esperar el momento perfecto?

_____

_____

_____

3. ¿En qué aspectos has creído que necesitas la validación de otros para sentirte valiosa?

_____

_____

_____

Escribe tus respuestas y léelas en voz alta. Reconocer el problema es el comienzo para salir de él, porque lo más hermoso de esta vida es que nunca es tarde para tomar un nuevo camino.

Un nuevo rumbo

Este capítulo es una invitación a dejar atrás las soluciones que no nos llevan a ninguna parte y empezar a construir una transformación real. En los próximos capítulos, hablaremos sobre cómo cambiar nuestra mentalidad, cómo sanar las heridas del pasado y cómo tomar acción para recuperar nuestra vida. Pero por ahora, quiero que te lleves esta verdad:

No tienes que esperar más. No tienes que seguir cargando con lo que no te pertenece. No tienes que conformarte con menos de lo que Dios tiene para ti.

Hoy es el día en que eliges un nuevo rumbo.

¿Estás lista para seguir adelante?

CAPÍTULO 4

¿Cuándo es momento de soltar?

A lo largo de la vida, hay momentos en los que sentimos que estamos atrapadas en una repetición constante de los mismos problemas, patrones y emociones. A veces, nos encontramos en relaciones que parecen distintas, pero que terminan haciéndonos sentir igual. Otras veces, intentamos avanzar, pero seguimos cargando las mismas inseguridades y miedos.

Existen dos razones principales por las que esto ocurre: estamos atrapadas en un ciclo que debemos romper, o estamos aferradas a una etapa que necesitamos cerrar. Aunque pueden parecer similares, no lo son. Romper un ciclo implica salir de un patrón repetitivo que nos hace daño, mientras que cerrar una etapa significa aceptar que algo ha cumplido su propósito y es momento de seguir adelante.

En este capítulo, aprenderás a diferenciar entre ambas situaciones y a tomar las decisiones necesarias para avanzar con claridad y sin cargas innecesarias.

¿Cómo saber si estás atrapada en un ciclo que necesitas romper?

Un ciclo es un patrón que se repite en nuestra vida y nos lleva siempre al mismo punto. Son esas situaciones en las que, por más que intentamos cambiar, terminamos en el mismo lugar. Pueden manifestarse en relaciones, hábitos destructivos, la manera en que nos hablamos a nosotras mismas o decisiones que nos llevan a los mismos resultados una y otra vez.

¿Cuándo es momento de soltar?

Algunas señales de que podrías estar atrapada en un ciclo son:

- Te encuentras en relaciones que, aunque sean con personas diferentes, terminan haciéndote sentir igual.
- Sigues postergando los mismos sueños y metas sin tomar acción real para lograrlos.
- Repites comportamientos que te dañan, aunque prometas que "esta vez será diferente".
- Te autosaboteas cuando estás cerca de lograr algo importante.

Romper un ciclo no significa simplemente salir de una situación. Se trata de entender por qué sigues repitiéndolo y hacer algo diferente para cambiarlo desde la raíz. Si no identificas la causa, puedes salir de una relación, dejar un trabajo o cambiar de entorno, pero tarde o temprano volverás a caer en lo mismo.

¿Por qué seguimos atrapadas en ciclos negativos?

Muchas veces, seguimos en ciclos dañinos porque el cambio nos asusta. Aunque sabemos que algo no nos hace bien, preferimos lo conocido antes que enfrentarnos a la incertidumbre. Nos decimos a nosotras mismas que "quizás esta vez será diferente" o que "no es tan malo como parece", solo para evitar tomar una decisión difícil.

El miedo a estar solas, la culpa de soltar algo en lo que hemos invertido tanto tiempo o la esperanza de que las cosas mejoren son algunas de las razones por las que nos quedamos atrapadas. Pero la verdad es que lo que no rompemos, lo repetimos.

Salir de un ciclo requiere valentía. Implica reconocer que, si seguimos haciendo lo mismo, obtendremos los mismos resultados. Y si queremos una vida diferente, debemos tomar decisiones diferentes.

¿Cómo saber si una etapa ha terminado y es momento de cerrarla?

A diferencia de un ciclo, una etapa es una fase de nuestra vida que ha cumplido su propósito y necesita cerrarse para que podamos seguir avanzando. No necesariamente es algo negativo, pero si seguimos aferrada a ella, nos impide crecer.

Algunas señales de que una etapa ha terminado son:

- Ya no sientes la misma conexión con un trabajo, una relación o una actividad que antes te llenaba.
- Te das cuenta de que sigues en una situación solo por costumbre o miedo, no porque realmente la elijas.
- Lo que antes te motivaba ahora se siente como una carga o una obligación.
- Sientes en lo más profundo que necesitas un cambio, pero no te atreves a dar el paso.

Cerrar una etapa no siempre es fácil. Muchas veces sentimos que, al soltar algo, estamos perdiendo una parte de nosotras. Pero aferrarnos a lo que ya no nos llena solo nos impide recibir lo que realmente necesitamos.

¿Cómo romper un ciclo sin repetirlo y cerrar una etapa sin quedarte atrapada en el pasado?

Romper un ciclo y cerrar una etapa requieren procesos distintos, pero ambos tienen algo en común: implican soltar y confiar en lo que viene.

Si necesitas romper un ciclo, empieza identificando el patrón que se repite. Pregúntate: ¿qué me ha llevado a esta misma situación una y otra vez? A veces, estos patrones tienen raíces profundas en nuestra infancia o en experiencias pasadas. Cuanto más conscientes seamos de ellos, más fácil será cambiar nuestra respuesta.

El segundo paso es tomar una decisión clara. No basta con querer cambiar; hay que tomar una acción real que interrumpa el ciclo. Puede ser poner un límite en una relación, cambiar un hábito dañino o enfrentar un miedo que has evitado. Romper un ciclo significa actuar de manera diferente a como lo has hecho hasta ahora.

Si necesitas cerrar una etapa, lo primero es aceptarlo. Muchas veces seguimos aferradas porque pensamos que, si dejamos ir algo, significa que fracasamos. Pero cerrar una etapa no es un fracaso, es un acto de madurez. Implica decir: "Esto fue valioso en su momento, pero ahora es momento de seguir adelante".

El segundo paso es cerrar con gratitud. En lugar de enfocarte en lo que pierdes, enfócate en lo que ganaste. Pregúntate: ¿qué aprendí de esta experiencia? ¿Cómo me ayudó a crecer? Cerrar con gratitud te permite avanzar sin resentimiento ni culpa. Más adelante en este libro, profundizaremos en el poder de la gratitud y cómo puede transformar nuestra vida.

Un nuevo comienzo: el poder de soltar y avanzar

No puedes empezar un nuevo capítulo si sigues aferrada a la página anterior. La vida siempre nos está dando señales de cuándo es momento de romper un ciclo o cerrar una etapa, pero depende de nosotras escucharlas.

Si sientes que algo en tu vida ya no te llena, si te das cuenta de que sigues repitiendo los mismos patrones o si hay algo dentro de ti que te dice que es momento de un cambio, confía en esa intuición. No estás destinada a quedarte atrapada en lo mismo. Puedes elegir avanzar.

Quiero invitarte a reflexionar:

- ¿Qué ciclo en tu vida necesitas romper?
- ¿Qué etapa necesitas cerrar con gratitud?
- ¿Qué decisión vas a tomar para avanzar?

La respuesta está en ti. Tienes el poder de cerrar lo que ya no te sirve y abrirte a lo que realmente mereces. Porque lo mejor de tu historia aún está por escribirse.

Capítulo 5

Sanando las heridas que nos impiden avanzar

Después de reconocer los caminos que nos han mantenido estancadas y decidir cambiar, es natural que surjan obstáculos internos. Nos enfrentamos a lo que nos ha limitado por tanto tiempo: las heridas que aún no hemos sanado.

Esas heridas pueden venir de palabras que nos dijeron en el pasado, de experiencias que nos marcaron o de promesas que nunca se cumplieron. Sin darnos cuenta, seguimos cargando con ese dolor, permitiendo que defina quiénes somos y lo que creemos que merecemos.

Pero quiero que entiendas algo importante: sanar no significa olvidar lo que pasó. Sanar significa elegir que ya no nos controlará. Hoy es el día para empezar a sanar.

1. Identificando las heridas que aún duelen

No podemos sanar lo que no reconocemos. A veces pensamos que lo que vivimos ya no nos afecta, que "eso quedó en el pasado". Pero el pasado no desaparece cuando sigue influyendo en nuestras decisiones, nuestra autoestima y nuestra forma de ver el mundo.

Las heridas pueden manifestarse de muchas maneras:

- **Miedo al rechazo** → Porque en algún momento no fuimos suficientes para alguien, y eso nos hizo buscar constantemente la aprobación de los demás.

Sanando las heridas que nos impiden avanzar

- **Autoexigencia extrema** → Porque nos enseñaron que solo somos valiosas si hacemos todo perfecto.
- **Dificultad para confiar** → Porque alguien traicionó nuestra confianza, ahora nos cuesta abrir nuestro corazón.
- **Miedo al fracaso** → Porque nos hicieron sentir que equivocarnos no era una opción.

A veces no nos damos cuenta de que seguimos heridas hasta que vemos cómo esas experiencias afectan nuestras relaciones, nuestra manera de hablarnos a nosotras mismas y la forma en que nos tratamos.

Si alguna vez te has dicho frases como:

"No soy suficiente", "No merezco algo mejor", "Siempre me pasa lo mismo", "No confío en nadie porque todos fallan", entonces es posible que haya una herida sin sanar que esté influyendo en tu vida.

Dios no quiere que vivamos atrapadas en el dolor. Él quiere restaurarnos y hacernos libres. *"Él sana a los quebrantados de corazón y venda sus heridas"* (Salmos 147:3). Sanar es un proceso, pero es necesario comenzar identificando lo que aún duele.

2. El poder de perdonar (incluso cuando no hay una disculpa)

El perdón es una de las herramientas más poderosas para sanar, pero también una de las más difíciles de

47

aplicar. Nos aferramos al dolor porque sentimos que si lo soltamos, estamos dejando que la otra persona "gane". Creemos que perdonar es justificar lo que nos hicieron.

Pero el perdón no es un regalo para la otra persona, es un regalo para nosotras mismas. No significa que la herida desaparecerá de inmediato, sino que dejaremos de alimentar el resentimiento.

Algunas personas nunca pedirán perdón. Algunas situaciones nunca tendrán una explicación. Pero nuestra sanidad no puede depender de una disculpa que quizás nunca llegue. *"Abandonen toda amargura, ira y enojo. Más bien, sean bondadosos y compasivos unos con otros, y perdónense mutuamente, así como Dios los perdonó a ustedes en Cristo"* (Efesios 4:31-32).

Hoy quiero invitarte a hacer un ejercicio:

1. Piensa en alguien que te haya herido profundamente.
2. Escribe en una hoja todo lo que quisieras decirle, sin filtros.
3. Cuando termines, léelo en voz alta y luego decide soltar esa carga.

No necesitas enviar la carta. Solo necesitas liberarte.

3. Perdonarnos a nosotras mismas

La persona más difícil de perdonar no es aquella que nos hirió, sino nosotras mismas. Nos castigamos por errores del pasado, por relaciones que no funcionaron, por

Sanando las heridas que nos impiden avanzar

decisiones que desearíamos haber tomado de otra manera. Nos atormentamos con frases como:

"Si hubiera hecho esto diferente", "Fui tan ingenua por confiar", "Nunca debí haberme permitido soñar con esto"…

Sin darnos cuenta, nos convertimos en nuestras peores juezas, recordándonos constantemente lo que hicimos mal.

Pero, ¿te has dado cuenta de que Dios no te habla de esa manera? Él no mira tu pasado con reproche, sino con gracia y amor. En lugar de condenarte, te ofrece una nueva oportunidad. *"Tan lejos de nosotros echó nuestras transgresiones como lejos del oriente está el occidente"* (Salmos 103:12).

Si Dios decide olvidar nuestras fallas y darnos un nuevo comienzo, ¿por qué nosotras insistimos en seguir cargando con el peso de la culpa?

El perdón hacia nosotras mismas no significa negar nuestros errores, sino aprender de ellos sin permitir que nos definan. Cada error ha sido una lección, cada caída ha sido parte del proceso. La clave está en dejar de revivir el pasado y empezar a construir el futuro con una nueva mentalidad.

Hoy es el día de soltar la culpa y darnos permiso de seguir adelante. No mereces vivir castigándote por algo que ya no puedes cambiar. Mereces avanzar con libertad y con la certeza de que lo mejor aún está por venir.

4. Dejar de revivir el pasado y empezar a construir el futuro

No podemos cambiar lo que pasó, pero sí podemos decidir qué hacemos con eso. Si seguimos enfocadas en el dolor, en lo que nos hicieron, en lo que no tuvimos, en lo que salió mal, nunca avanzaremos.

Pero si decidimos aprender de ello y seguir adelante, encontraremos la libertad. *"Olvido lo que queda atrás y me esfuerzo por alcanzar lo que está adelante. Sigo avanzando hacia la meta para ganar el premio que Dios me ha llamado a recibir"* (Filipenses 3:13-14).

Sanar no significa que nunca más recordaremos lo que pasó. Significa que, cuando lo recordemos, ya no dolerá de la misma manera.

Un nuevo comienzo

Sanar es un proceso, pero cada decisión que tomamos nos acerca un poco más a la libertad. Hoy quiero invitarte a hacer algo:

1. Cierra los ojos y visualiza la herida que más te ha marcado.
2. Imagínala como una cadena que ha estado atada a ti por años.

3. Ahora imagina que esa cadena se rompe.

Respira hondo. Porque eso es exactamente lo que Dios quiere hacer en tu vida. Él está listo para sanar tu corazón. Solo falta que tú decidas recibir esa sanidad.

¿Estás dispuesta a dejar que Dios sane lo que tú sola no has podido?

CAPÍTULO 6

Cuando tu mente cambia, todo cambia

Hemos hablado de soltar el pasado, sanar heridas y romper con los caminos que nos mantienen estancadas. Pero hay algo fundamental que debemos entender: ningún cambio será permanente si nuestra mentalidad sigue siendo la misma. Nuestra vida es un reflejo de nuestros pensamientos. Si seguimos pensando de la misma manera, tomaremos las mismas decisiones y, como resultado, terminaremos en el mismo lugar.

Renovar nuestra mente no significa simplemente "pensar positivo". Es un proceso profundo de transformación interior. Es aprender a vernos como Dios nos ve, cuestionar las creencias que nos han limitado y tomar control de los pensamientos que influyen en nuestra vida.

Nuestra mente: el campo de batalla más grande

Cada día tenemos miles de pensamientos. Algunos nos impulsan a crecer, pero otros nos detienen. Los pensamientos son como semillas: si sembramos ideas negativas, crecerán dudas, inseguridades y miedo. Si sembramos pensamientos correctos, crecerá confianza, paz y determinación.

Imagina tu mente como un jardín. Si llevas años sembrando pensamientos destructivos, no puedes esperar cosechar seguridad y éxito. Si repites ideas como "No soy suficiente", "Siempre fallo", "Nunca podré cambiar", no puedes sorprenderte cuando esas creencias se convierten en tu realidad. *"Porque cual es su pensamiento en su*

Cuando tu mente cambia, todo cambia

corazón, tal es él" (Proverbios 23:7). Lo que creemos sobre nosotras mismas determina la forma en que vivimos.

Pero aquí está la buena noticia: así como podemos sembrar pensamientos negativos, también podemos arrancarlos y reemplazarlos por otros nuevos.

Identificando los pensamientos que nos limitan

A menudo, no nos damos cuenta de que hemos estado alimentando pensamientos tóxicos. Se han vuelto tan normales en nuestra vida que ya no los cuestionamos. Pero cada pensamiento tiene una raíz. Para reconocer si ciertos pensamientos te están limitando, pregúntate:

- ¿Te hablas con amor y respeto, o sueles ser muy dura contigo misma?
- ¿Sientes que mereces cosas buenas, o crees que el éxito y la felicidad son para otras personas?
- ¿Cuántas oportunidades has rechazado porque asumiste que no eras capaz?

Nuestros pensamientos determinan nuestras acciones. Si creemos que no somos capaces, ni siquiera intentaremos cambiar, y al no intentarlo, confirmamos esa creencia, atrapándonos en un ciclo sin fin.

Ejercicio de reflexión:

Piensa en una decisión que no tomaste por miedo. Ahora pregúntate:

• ¿De dónde vino esa creencia?

_____

_____

_____

• ¿Realmente era un límite real o solo era mi percepción?

_____

_____

_____

Ser consciente de estos pensamientos te permitirá liberarte de ellos.

Reemplazando la mentira con la verdad

No basta con darnos cuenta de los pensamientos negativos, debemos reemplazarlos con la verdad. De lo contrario, esos pensamientos volverán a aparecer una y otra vez. Si nuestra mente ha estado llena de mentiras por años, no basta con intentar "pensar bonito". Se trata de confrontar esas mentiras con la verdad de Dios.

Aquí algunos ejemplos:

MENTIRA: "No soy suficiente." → VERDAD: *"Soy una creación perfecta de Dios, diseñada con propósito."* (Salmos 139:14)

MENTIRA: "Siempre fallo en todo." → VERDAD: *"Mis errores no definen mi identidad; son parte de mi crecimiento."* (Romanos 8:28)

MENTIRA: "Nunca podré cambiar." → VERDAD: *"Dios me ha dado un espíritu de poder, amor y dominio propio."* (2 Timoteo 1:7)

Cada vez que un pensamiento negativo aparezca, no lo aceptes como una verdad absoluta. Pregúntate: ¿Este pensamiento viene de Dios o del miedo? ¿Me ayuda a crecer o me paraliza? ¿Es un hecho o solo una percepción distorsionada?

Cuanto más practiquemos este ejercicio, más fácil será romper con las mentiras y vivir en la verdad.

Lo que alimenta tu mente, define tu vida

No podemos renovar nuestra mente si seguimos alimentándola con cosas que refuerzan nuestras inseguridades. Lo que consumimos diariamente influye en nuestra forma de pensar.

Reflexiona en esto:

- ¿Qué tipo de contenido consumes en redes sociales?
- ¿Las personas con las que más hablas te impulsan o te desmotivan?
- ¿Los libros, películas o música que consumes refuerzan lo que crees sobre ti misma?

Si constantemente te comparas con otras mujeres en redes sociales y eso te genera inseguridad, es momento de hacer una limpieza digital. Si las personas con las que más hablas solo traen negatividad y críticas a tu vida, es momento de replantear esas relaciones.

Tu mente es como un jardín. Si quieres cosechar paz, amor propio y confianza, debes sembrar pensamientos correctos y rodearte de entornos que refuercen esa transformación.

La transformación comienza con una decisión

Renovar nuestra mente no sucede de la noche a la mañana. Es un proceso, una elección diaria. Podemos reconocer nuestras creencias limitantes y saber que Dios nos ve con amor y propósito, pero nada cambiará realmente hasta que decidamos actuar.

Muchas veces, esperamos a "sentirnos listas" para hacer un cambio, pero la verdad es que la transformación no comienza con la emoción, sino con la decisión. Primero decidimos cambiar, y luego nuestra mente se adapta a ese cambio.

Esto significa que, aunque los pensamientos negativos sigan apareciendo, somos nosotras quienes elegimos si les damos poder o no. No podemos controlar lo que llega a nuestra mente, pero sí podemos decidir qué pensamientos permitimos quedarse.

Cada día tenemos una oportunidad: alimentar los mismos pensamientos que nos han limitado o tomar la decisión de pensar, actuar y vivir diferente. El verdadero cambio sucede cuando pasamos de la intención a la acción.

Ejercicio práctico:

Piensa en un área de tu vida en la que sientes que tu mente te ha estado limitando. Puede ser tu autoestima, tus relaciones o tu capacidad para lograr tus metas. Ahora pregúntate:

1.¿Qué decisión puedo tomar HOY para empezar a cambiar mi mentalidad?

_____

_____

_____

2.¿Qué acción concreta puedo hacer para reforzar esa transformación?

_____

_____

_____

Por ejemplo, si siempre has creído que "no eres lo suficientemente inteligente para lograrlo", la decisión no es solo cambiar ese pensamiento, sino también empezar a actuar como alguien que confía en su capacidad: tomar un curso, postularte para una oportunidad laboral o simplemente dejar de compararte con los demás.

"Derribamos argumentos y toda altivez que se levanta contra el conocimiento de Dios, y llevamos cautivo todo pensamiento para que se someta a Cristo" (2 Corintios 10:5).

Dios nos ha dado la capacidad de renovar nuestra mente, pero la responsabilidad de hacerlo es nuestra. No podemos elegir qué pensamientos llegan, pero sí podemos elegir cuáles dejamos quedarse. Y esa elección, cada día, es lo que nos transforma.

Un nuevo comienzo

Hoy es un buen día para empezar a renovar tu mente. No importa cuánto tiempo hayas vivido creyendo mentiras sobre ti misma. Hoy puedes empezar a sembrar nuevas semillas.

Repite en voz alta:

"Mis pensamientos no me controlan, yo decido qué creer."

"Soy una mujer fuerte, amada y con propósito."

"Mi pasado no define mi futuro, Dios sí."

La transformación que buscas comienza en tu interior.

¿Estás lista para pensar diferente y vivir diferente?

Capítulo 7

Atrévete a dar el primer paso

Hasta ahora, hemos trabajado juntas temas como sanar el pasado, soltar las cargas que nos limitaban y renovar nuestra mente. Pero hay un enemigo silencioso que, si no lo enfrentamos, nos mantendrá atrapadas en la misma vida de siempre: el miedo.

El miedo es esa voz interna que susurra: "¿Y si fallas?" Es la sensación de incertidumbre cuando estamos a punto de hacer algo nuevo. Es el peso en el pecho que nos hace dudar de nosotras mismas. Pero el miedo solo tiene poder si se lo permitimos. En este capítulo, hablaremos sobre cómo romper con el miedo y atrevernos a avanzar, aun cuando no tengamos todas las respuestas.

El miedo no es el problema, es cómo reaccionamos ante él

Creemos que para actuar necesitamos sentirnos seguras. Esperamos que el miedo desaparezca antes de tomar decisiones importantes. Pero la verdad es que el miedo no se va solo. No desaparece con el tiempo ni se desvanece en la comodidad de la zona de confort. El miedo solo pierde poder cuando decidimos enfrentarlo.

Piensa en cualquier persona que admires. Tal vez sea una mujer que ha logrado cosas grandes, una emprendedora, una líder o alguien que parece vivir con valentía. ¿Crees que nunca ha sentido miedo? ¡Por supuesto que sí! La diferencia es que no dejó que el miedo la detuviera. Tú también puedes hacer lo mismo.

Los miedos más comunes que nos paralizan

El miedo se presenta de muchas formas, pero hay algunos que son más comunes en nuestra vida:

- Miedo al fracaso → "¿Y si lo intento y no funciona?"
- Miedo a la opinión de los demás → "¿Qué van a pensar de mí?"
- Miedo al cambio → "Siempre he sido así, no sé cómo ser diferente."
- Miedo a no ser suficiente → "No estoy preparada, no soy lo suficientemente buena."

Un ejercicio práctico para enfrentar estos miedos es reflexionar sobre ellos:

¿Cuál es el peor escenario si fallo?

_____

_____

_____

¿Qué pasaría si, en cambio, funciona mejor de lo que imagino?

_____

_____

_____

¿Qué le diría a una amiga si tuviera este mismo miedo?

_____

_____

_____

La mayoría de las veces, nuestros miedos no tienen fundamentos reales. Solo son pensamientos que nos limitan e impiden avanzar. "Sean fuertes y valientes. No teman ni se asusten ante ellos, porque el SEÑOR su Dios estará con ustedes; nunca los dejará ni los abandonará." (Deuteronomio 31:6) Dios nos ha dado una promesa clara: no estamos solas en nuestra lucha contra el miedo.

Cómo actuar a pesar del miedo

El miedo no se elimina, se enfrenta. Estos son tres pasos clave para actuar a pesar del miedo:

PASO 1: Cambia tu diálogo interno

Las palabras que nos decimos a nosotras mismas afectan nuestra capacidad de actuar. En lugar de decir:

✗ "No puedo hacerlo." → ✓ "Dios me ha equipado para este desafío."

✗ "Seguro que voy a fallar." → ✓ "Cada intento es un aprendizaje, no un fracaso."

Lo que repetimos en nuestra mente se convierte en nuestra realidad. *"La vida y la muerte están en poder de la lengua.*" (Proverbios 18:21) Si hablas miedo, vivirás con miedo. Si hablas fe, empezarás a actuar con valentía.

PASO 2: Da pasos pequeños pero constantes

El miedo se alimenta de la inacción. Cuanto más postergamos algo, más grande parece el miedo. Pero cuando damos pequeños pasos, el miedo empieza a disminuir.

Por ejemplo:

Si tienes miedo de hablar en público, empieza practicando frente a un espejo. Luego, hazlo frente a un grupo pequeño de confianza antes de hablar en un escenario grande. El miedo pierde poder cuando lo enfrentamos poco a poco.

PASO 3: Confía en Dios más que en tus miedos

A veces confiamos más en nuestro miedo que en la capacidad de Dios para guiarnos. Pero si Él te ha llamado a algo, te dará la fuerza para hacerlo. Recuerda: la fé no es la ausencia de miedo, es la decisión de confiar en Dios a pesar del miedo.

"Cuando siento miedo, pongo mi confianza en ti." (Salmos 56:3)

Piensa en Pedro caminando sobre el agua. Mientras su mirada estuvo en Jesús, caminó en lo imposible. Pero cuando miró el viento y las olas, se hundió en el miedo.

Nuestra seguridad no está en las circunstancias, sino en quién camina con nosotras.

El miedo no desaparecerá, pero tu valentía crecerá

Solemos esperar que el miedo desaparezca para empezar a actuar. Pero la verdad es que:

- El miedo al fracaso solo desaparece cuando fallamos y nos damos cuenta de que podemos volver a intentarlo.
- El miedo a la opinión de los demás se debilita cuando entendemos que nuestra vida no debe estar dirigida por ellos.
- El miedo al cambio se reduce cuando damos pasos pequeños y vemos que somos capaces de adaptarnos.

"Mira que te mando que te esfuerces y seas valiente; no temas ni desmayes, porque el Señor tu Dios estará contigo dondequiera que vayas." (Josué 1:9)

Dios nos manda ser valientes. Eso significa que es una elección, no un sentimiento.

Un nuevo comienzo

El miedo no es más grande que el propósito que Dios tiene para ti. No es más grande que el llamado que ha puesto en tu vida. No es más grande que la mujer fuerte y valiente que Él diseñó en ti.

Hoy quiero invitarte a hacer algo:

1. Escribe un miedo que has cargado por mucho tiempo.

_____

_____

_____

2. Escribe qué harías si ese miedo no existiera.

_____

_____

_____

Decide dar el primer paso hoy.

Recuerda, el miedo solo tiene poder si decides obedecerlo. Pero si hoy eliges confiar en Dios más que en tu temor, empezarás a caminar en la dirección de la vida que realmente deseas.

¿Estás lista para avanzar sin miedo?

CAPÍTULO 8

Haz que suceda

En capítulos anteriores tocamos temas sobre soltar el pasado, renovar nuestra mente y sanar lo que nos ha limitado. Pero hay algo que diferencia a quienes logran un cambio real de quienes siguen soñando sin resultados: la acción.

Es fácil quedarse atrapada en la fase de planificación: leemos, investigamos, hacemos listas, pero no ejecutamos. Otras veces damos los primeros pasos, pero nos rendimos cuando no vemos resultados inmediatos. El problema no es la falta de metas o sueños, sino la incapacidad de convertirlos en acciones concretas.

1. La brecha entre lo que quieres y lo que haces

Si alguien pudiera observar cómo pasas tu día, ¿podría adivinar cuáles son tus metas? Si deseas mejorar tu salud, pero nunca apartas tiempo para ejercitarte, ¿realmente estás comprometida? Si quieres emprender un negocio, pero sigues esperando el momento perfecto en lugar de empezar con lo que ya tienes, ¿cómo esperas que se haga realidad? Si anhelas fortalecer tu relación con Dios, pero no te detienes a orar y leer la Biblia, ¿cómo esperas crecer espiritualmente?

Lo cierto es que lo que hacemos a diario define lo que realmente estamos construyendo, no lo que decimos que queremos. No basta con creer o desear algo, si no tomamos acción, nada cambiará.

Haz que suceda

2. Soñar no es suficiente, actúa

Soñar es fácil y visualizar una vida mejor es motivador, pero convertir un sueño en realidad requiere compromiso y constancia. La clave está en definir con claridad lo que queremos y comenzar con lo que ya tenemos. Decir "quiero mejorar mi vida" es demasiado abstracto. Un deseo vago no nos lleva a la acción, necesitamos convertirlo en algo concreto.

En lugar de decir "quiero ser más saludable", establece un compromiso real: "voy a hacer ejercicio tres veces por semana y tomar más agua". En lugar de decir "quiero crecer espiritualmente", hazlo tangible: "voy a leer un capítulo de la Biblia cada mañana y orar antes de dormir". Proverbios 16:3 nos recuerda: *"Pon en manos del Señor todas tus obras, y tus proyectos se cumplirán"*. La claridad nos da dirección y propósito.

Otro error común es esperar el momento "perfecto" para comenzar. Pensamos: "voy a empezar cuando tenga más tiempo, más dinero, más conocimiento...". Pero la verdad es que lo que necesitas para empezar ya está en tus manos. Si quieres emprender, pero no tienes capital, pregúntate: ¿Qué puedo hacer con lo que ya tengo? Si quieres aprender algo nuevo, pero no tienes dinero para un curso, aprovecha los recursos gratuitos. Zacarías 4:10 nos recuerda: *"No desprecien estos modestos comienzos, pues el Señor se alegra al ver que el trabajo se inicia"*. Dios no está esperando que hagas algo grande de inmediato. Él se alegra cuando simplemente decides empezar.

3. El peligro de la parálisis por análisis

Pensamos tanto en una decisión o en un problema que terminamos paralizándonos y no hacemos nada. Esto se llama "parálisis por análisis". Queremos estar 100% seguras antes de actuar, investigar cada detalle y evitar cualquier error. Pero la verdad es que nunca sabremos todo antes de empezar, el crecimiento sucede en el proceso no antes de él y no hacer nada es peor que cometer errores.

Eclesiastés 11:4 nos dice: *"El agricultor que espera el clima perfecto nunca siembra; si contempla cada nube, nunca cosecha"*. En otras palabras, si seguimos esperando el momento perfecto, nunca tomaremos acción.

Ejercicio práctico:

1. Piensa en algo que llevas mucho tiempo postergando.

2. Escribe la razón por la que no lo has hecho.

_____

_____

_____

3. ¿Es realmente falta de tiempo o simplemente miedo?

_____

_____

_____

4. ¿Es porque no sabes cómo empezar o porque estás esperando "sentirte lista"?

_____

_____

_____

Casi siempre, la razón no es falta de recursos, sino falta de acción.

4. Nada cambia sin constancia

El fracaso no siempre es cuestión de falta de intentos, sino de falta de constancia. Muchas personas inician con entusiasmo, pero cuando los resultados tardan en llegar, abandonan el proceso. Se frustran cuando fallan y dejan de intentarlo. Se comparan con otras personas y sienten que van demasiado lento. Pero Gálatas 6:9 nos dice: _"No nos cansemos de hacer el bien, porque a su debido tiempo cosecharemos si no nos damos por vencidos"_. La diferencia entre quienes logran sus metas y quienes no, no es el talento, sino la constancia.

Si quieres aprender a tocar un instrumento, no lo harás en un día. Lo lograrás practicando poco a poco hasta mejorar. Así funciona todo en la vida. El crecimiento no siempre es visible de inmediato, pero cada esfuerzo suma. Si enfrentas obstáculos, la solución no es rendirse, sino ajustar la estrategia.

Tendemos a abandonar algo no porque el objetivo sea inalcanzable, sino porque la manera en que lo estamos intentando no es la mejor. Si quieres hacer ejercicio, pero te cuesta ir al gimnasio, prueba otro tipo de entrenamiento que disfrutes más. Si estás emprendiendo y no ves resultados, tal vez necesites cambiar la forma en que ofreces tu producto. Si sientes que no avanzas espiritualmente, evalúa si tu rutina necesita un ajuste.

Proverbios 24:16 nos recuerda: *"Porque siete veces cae el justo, y vuelve a levantarse"*. Caer no es el problema, el problema es quedarse en el suelo.

5. Cómo piensan las personas que transforman su vida

Si analizamos la vida de aquellas personas que han logrado cambios significativos, veremos que todas tienen algo en común: su mentalidad y sus acciones están alineadas con la vida que desean construir. No se quedan esperando que las circunstancias sean perfectas, sino que toman control de su propio crecimiento. Estas son algunas de las características que las diferencian:

- **No esperan a sentirse listas.** Actúan a pesar de la incertidumbre porque saben que la preparación real viene en el camino, no antes de empezar.

- **Ven los errores como aprendizajes,** no como fracasos. En lugar de rendirse ante un obstáculo, lo ven como una oportunidad para mejorar. No se castigan por equivocarse, sino que ajustan su estrategia y siguen avanzando.

- **Son pacientes y constantes,** aunque no vean resultados inmediatos. Entienden que el progreso no siempre es visible en el corto plazo, pero confían en que cada acción suma.

- **Toman decisiones alineadas con su futuro,** no con sus miedos. No permiten que el miedo determine sus acciones. En lugar de preguntarse "¿Y si fallo?", se preguntan "¿Y si funciona?".

- **Saben que cambiar requiere esfuerzo,** pero que el esfuerzo vale la pena. No buscan soluciones mágicas ni resultados instantáneos, sino que están dispuestas a trabajar por lo que quieren.

Un nuevo comienzo

"El conocimiento sin acción no cambia vidas." Quiero invitarte a hacer algo diferente. Piensa en tres metas que has postergado por miedo, duda o falta de acción.

1. _____

2. _____

3. _____

¿Qué acción concreta puedes hacer HOY para acercarte a ellas?

1. _____

2. _____

3. _____

Comprométete a tomar acción sin esperar más. Dios ya te ha dado la capacidad. Solo necesitas dar ese Sí que cambia todo.

¿Estás lista para actuar?

Capítulo 9
Tu entorno define tu crecimiento

Hay un factor que muchas veces ignoramos, pero que marca la diferencia: las personas con las que nos rodeamos. No importa cuán fuerte seas, tu entorno influye en ti más de lo que imaginas. Las personas con las que pasamos más tiempo pueden impulsarnos o frenarnos, pueden recordarnos quiénes somos y hacia dónde vamos, o pueden mantenernos atrapadas en ciclos de inseguridad, dudas y mediocridad.

Proverbios 13:20 nos advierte: *"El que anda con sabios, sabio será; mas el que se junta con necios será quebrantado"*. Incluso en tiempos modernos, muchas personas han reconocido esta verdad. El autor y empresario Jim Rohn lo expresó así: "Eres el promedio de las cinco personas con las que más tiempo pasas".

La clave está en ser intencional con nuestro entorno. En este capítulo, veremos cómo identificar a las personas que suman a tu vida y cómo rodearte de aquellas que te impulsarán a crecer.

1. ¿Quién está influyendo en tu vida?

A menudo caemos en la idea de que nuestras decisiones son totalmente independientes de nuestro entorno, pero la realidad es que, sin darnos cuenta, nos moldeamos según las personas que nos rodean. Piensa en esto: si pasas tiempo con personas que se quejan constantemente, te volverás más negativa. Si te rodeas de personas que te motivan, empezarás a adoptar una mentalidad de crecimiento.

Ahora, hazte estas preguntas: ¿Las personas con las que más hablas te motivan o te desaniman? ¿Después de hablar con ellas, te sientes inspirada o drenada? Por ejemplo, si sueñas con emprender, pero solo hablas con personas que piensan que es imposible, su mentalidad terminará afectando la tuya. Tu entorno tiene más poder sobre ti del que imaginas.

2. Los diferentes tipos de personas en tu vida

No todas las personas tienen el mismo impacto en nosotras. Podemos clasificarlas en tres grupos:

- **Personas que SUMAN:** Son aquellas que te inspiran a ser mejor, te apoyan en tu crecimiento y te animan cuando enfrentas desafíos. Son amigas sinceras, mentores, líderes espirituales o personas que con su ejemplo te inspiran a avanzar.

- **Personas que RESTAN:** Son aquellas que dudan de ti constantemente, te desmotivan con comentarios negativos, no celebran tus logros, sino que los minimizan. Por ejemplo, si cada vez que compartes un sueño con alguien su reacción es: "Eso es muy difícil, mejor quédate donde estás", "Ya lo intentaste y no resultó", "¿Para qué buscas otro trabajo si este, aunque no te gusta, es seguro?", entonces esa persona está restando en tu vida.

- **Personas que MULTIPLICAN:** No solo te inspiran, sino que te ayudan a crecer exponencialmente. Te retan a ir más allá de lo que creías posible, te dan consejos sabios y basados en la verdad, y son ejemplos vivos de lo que quieres alcanzar.

Estas personas son valiosas y debemos buscarlas intencionalmente. Piensa en alguien que te inspire profundamente; tal vez sea alguien que ya ha logrado lo que tú deseas. Acércate más a esas personas, aprende de ellas y permite que su ejemplo te impulse a crecer.

3. Cómo construir un entorno que impulse tu crecimiento

No siempre podemos controlar quién está en nuestra vida, pero sí podemos decidir a quién damos más acceso a nuestro corazón.

Pasos para rodearte de las personas correctas:

- **PASO 1: Evalúa tus relaciones actuales.** Haz una lista de las personas con las que más hablas y pregúntate: ¿Esta persona me impulsa o me frena? ¿Después de hablar con ella, me siento motivada o drenada? ¿Comparte valores y principios similares a los míos? Si alguien constantemente te resta, tal vez es momento de poner límites.

- **PASO 2: Busca relaciones que te edifiquen.** Las conexiones correctas no siempre aparecen solas, a veces debemos buscarlas.

¿Dónde encontrar personas que sumen a tu vida?

 o En grupos de crecimiento personal o profesional.
 o En eventos o reuniones donde haya personas con los mismos valores.
 o En tu iglesia o comunidad de fe.

Si quieres crecer, rodéate de personas que ya están donde tú quieres estar. Los consejos correctos vienen de las personas correctas.

- **PASO 3: Sé intencional en fortalecer buenas relaciones.** Una vez que identificas a las personas que suman y multiplican en tu vida, haz un esfuerzo por fortalecer esas relaciones.

 o Acércate más a ellas. Pasa más tiempo con quienes te edifican.
 o Aprende de ellas. Observa cómo piensan y qué hábitos tienen.
 o Aporta valor también. No solo busques recibir, sino también dar.

Las relaciones correctas no solo llegan, se construyen.

4. Aprende a soltar relaciones que no te suman

No significa que debamos alejarnos bruscamente de todas las personas que no nos suman, pero sí podemos establecer límites saludables.

¿Cómo manejar relaciones tóxicas con sabiduría?

- Reduce la frecuencia de contacto. No necesitas cortar de inmediato, pero sí puedes elegir cuánto tiempo pasas con esa persona.

- No busques cambiar a los demás. Enfócate en tu propio crecimiento y deja que tu transformación hable por sí misma.

- Ora por esas personas. Pídele a Dios que toque su corazón y les ayude a cambiar.

Tu energía y tu crecimiento son valiosos. No permitas que las personas equivocadas los destruyan.

Un nuevo comienzo

Dios nos diseñó para vivir en comunidad, no estamos hechas para caminar solas, pero sí debemos elegir bien con quién caminamos. Hebreos 10:24-25: *"Preocupémonos los unos por los otros, a fin de estimularnos al amor y a las buenas obras"*. Las personas correctas te ayudarán a crecer y a avanzar en el propósito que Dios tiene para ti.

¿Estás lista para rodearte de las personas que te impulsarán hacia tu mejor versión?

CAPÍTULO 10
Disciplina y hábitos: la clave para el éxito

Con ese camino recorrido, es momento de definir si un cambio será temporal o permanente: la disciplina y los hábitos que construimos cada día.

Por lo general, iniciamos un cambio con entusiasmo, pero con el tiempo, la motivación desaparece y volvemos a los viejos patrones. Nos frustramos porque sentimos que no tenemos suficiente fuerza de voluntad y nos preguntamos por qué no logramos ser constantes en lo que nos proponemos. Lo cierto es que no es la motivación lo que cambia nuestra vida, es la disciplina de actuar cada día, incluso cuando no tenemos ganas. Y la disciplina no es solo fuerza de voluntad, sino el resultado de hábitos bien construidos.

1. ¿Por qué fallamos al intentar ser disciplinadas?

Es común creer que la disciplina significa depender de nuestra fuerza de voluntad, pero en realidad, se trata más de estructura y hábitos que de motivación. Algunos de los errores más comunes son:

- **Depender de la emoción del principio:** Al inicio de un cambio, nos sentimos inspiradas, pero a medida que pasa el tiempo, las emociones fluctúan. Si basamos nuestras acciones en cómo nos sentimos, dejaremos de avanzar en cuanto la motivación baje.

- **La mentalidad del "todo o nada":** Pensamos que si un día fallamos en nuestra rutina, ya hemos arruinado todo el proceso y no tiene sentido seguir intentándolo.

Pero la disciplina no se trata de ser perfecta, sino de ser constante. La clave no está en hacer algo perfecto un solo día, sino en hacerlo bien todos los días.

2. Cómo la disciplina y los hábitos trabajan juntos

La disciplina y los hábitos están conectados: la disciplina inicia el cambio, pero los hábitos lo sostienen. La disciplina es la decisión de actuar, incluso cuando no queremos hacerlo, y los hábitos son el resultado de repetir esa acción hasta que se vuelve parte de nuestra identidad.

Piensa en esto:

- Una persona disciplinada para ejercitarse no se pregunta cada día si irá al gimnasio. Ya es parte de su rutina.
- Alguien disciplinado en su vida espiritual no decide al azar cuándo orar o leer la Biblia. Lo hace porque es un hábito establecido.
- Una emprendedora exitosa no espera a sentirse inspirada para trabajar en su negocio. Tiene una estructura de trabajo que sigue sin importar su estado de ánimo.

Si dependemos solo de la disciplina, tarde o temprano nos agotaremos. En cambio, si construimos hábitos sólidos, la disciplina se vuelve más fácil y natural. Por eso, en lugar de luchar con la fuerza de voluntad todos los días, debemos enfocarnos en crear hábitos que automaticen el éxito.

3. Cómo crear hábitos que realmente se mantengan

Mencionaré tres claves para construir hábitos duraderos:

- **PASO 1:** Empieza con algo tan pequeño que sea imposible fallar.

  - Si quieres mejorar tu alimentación, no elimines todo de una vez. Empieza agregando más alimentos naturales a tu dieta.
  - Si deseas mejorar tu productividad, no intentes planear todo tu mes. Empieza con organizar tu mañana.
  - Si quieres emprender, no busques un plan perfecto. Comienza con una acción simple que puedas sostener.

- **PASO 2:** Elimina las decisiones innecesarias.

  - Si quieres ahorrar dinero, automatiza una transferencia a tu cuenta de ahorros cada mes.
  - Si deseas ser más productiva, planifica tus tareas prioritarias la noche anterior.
  - Si quieres ejercitarte, define un horario fijo y trátalo como una cita inamovible.

- **PASO 3:** Usa la regla de los dos minutos. Si sientes que no puedes hacer algo, comprométete a hacerlo solo por dos minutos. Muchas veces, el mayor obstáculo es simplemente empezar.

4. Qué hacer cuando queremos rendirnos

Incluso con buenos hábitos, habrá días en los que no tengamos ganas de seguir. Aquí es donde entra la verdadera disciplina: en la capacidad de seguir adelante a pesar de la falta de ganas.

- Cambia tu mentalidad sobre la incomodidad. En lugar de pensar "esto es difícil", piensa "esto me está fortaleciendo".
- No dejes que un error te detenga. Si un día rompes tu rutina, no significa que fallaste. Retómalo al día siguiente sin castigarte.
- Recuerda que la disciplina no se trata de nunca fallar, sino de saber cómo recuperarte rápidamente cuando lo haces.

5. Una rutina con propósito

Tuve la oportunidad de conocer a Brian Tracy, uno de los expertos más reconocidos en desarrollo personal y liderazgo. Recuerdo que en una de sus conferencias mencionó algo que me dejó pensando por días: "Las metas no son solo deseos, son instrucciones para tu subconsciente. Si las escribes todos los días, tu mente empezará a trabajar en ellas incluso cuando no te des cuenta."

No fue la típica charla motivacional. Era una estrategia concreta que él mismo aplicaba y que había transformado la vida de miles de personas. Así que decidí intentarlo.

Su ejercicio era simple pero poderoso:

Toma un cuaderno y, sin ver la hoja anterior, escribe cada mañana 10 objetivos en tiempo presente, como si ya fueran una realidad. Ejemplo: "Gano X cantidad al mes", "Tengo un estilo de vida saludable", "Vivo en una casa con vista al mar.", etc. Hazlo todos los días durante un mes.

¿Qué descubrí al hacerlo?

- Algunas metas se repetían con más fuerza, mientras que otras desaparecían porque en realidad no eran tan importantes para mí.

- Sin darme cuenta, empecé a tomar pequeñas decisiones diarias que me acercaban a lo que había escrito.

- Mi mentalidad cambió. Dejé de pensar en mis metas como algo lejano y empecé a verlas como parte de mi realidad en construcción.

Este ejercicio me enseñó algo clave: la autodisciplina no solo es hacer lo correcto cuando tienes ganas, sino programar tu mente para que actúe en función de lo que realmente quieres. Desde entonces, escribir mis metas cada día se ha convertido en un hábito esencial en mi vida. Espero que, así como lo hizo conmigo, este ejercicio también transforme la tuya.

6. La disciplina y la libertad

Es común ver la disciplina como algo restrictivo, pero en realidad, nos da más libertad:

- Si no somos disciplinadas con nuestras finanzas, terminamos con deudas.
- Si no somos disciplinadas con nuestra salud, terminamos agotadas.
- Si no somos disciplinadas con nuestras metas, nos quedamos soñando sin avanzar.

La disciplina nos da el control de nuestra vida y nos permite construir la realidad que realmente queremos.

Un nuevo comienzo

Piensa en un área de tu vida en la que deseas ser más disciplinada. Define una acción pequeña que puedas implementar hoy mismo.

No algo difícil o grande, sino algo tan pequeño que no puedas fallar.

Luego, comprométete a hacerlo con constancia, sin esperar motivación ni perfección, solo con la decisión firme de seguir adelante.

La disciplina es la herramienta que te dará la libertad de construir la vida que realmente deseas.

¿Estás lista para ser constante en tu camino, sin depender de la motivación?

CAPÍTULO 11

Descansar también es avanzar

Vivimos en una sociedad que glorifica la productividad y el estar ocupadas todo el tiempo. Nos han enseñado que descansar es perder el tiempo y que ser exitosas significa hacer más, lograr más y producir más. Sin embargo, el descanso no es un lujo, es una necesidad. Sin descanso, nuestra mente se agota, nuestro cuerpo se debilita y nuestro espíritu se desconecta de lo que realmente importa.

El problema no es solo el cansancio físico, sino la carga emocional y mental de vivir en un estado constante de agotamiento. En este capítulo, aprenderemos a descansar sin culpa y a comprender por qué es esencial para una vida plena.

1. El descanso no es debilidad, es sabiduría

Muchas veces creemos que descansar nos hace flojas o improductivas. Nos sentimos culpables cuando nos tomamos un tiempo para nosotras porque nos han enseñado que valemos por lo que hacemos, no por lo que somos. Pero, ¿qué pasa cuando ignoramos el descanso?

- Nos volvemos más irritables y emocionales.
- Perdemos claridad mental y creatividad.
- Nos sentimos desconectadas de nosotras mismas y de nuestra fe.

Si un teléfono necesita recargarse para seguir funcionando, ¿por qué creemos que nosotras podemos seguir sin detenernos? Incluso en la creación del mundo,

Dios estableció el descanso como un principio. No porque lo necesitara, sino para darnos un ejemplo de equilibrio. Si Dios valoró el descanso, ¿por qué nosotras lo ignoramos?

2. El mundo materialista nos roba la paz y el descanso

Vivimos en una sociedad que idolatra el éxito material. Nos enseñan que una vida "buena" es aquella donde tienes el mejor carro, la casa más grande, la ropa de marca o el trabajo de alto estatus. Para lograrlo, muchas personas sacrifican su bienestar, su familia y su paz interior.

El problema es que:

- No importa cuánto logremos o cuánto compremos, siempre habrá algo más que perseguir.
- La comparación con los demás nos mantiene en un ciclo de insatisfacción constante.
- El éxito basado en lo material nunca es suficiente para llenar el vacío interior.

Piensa en aquellas personas que han alcanzado riqueza y fama, pero siguen sintiéndose vacías. Tenerlo todo materialmente no garantiza paz ni felicidad. Mateo 16:26 nos recuerda: "¿De qué le sirve al hombre ganar el mundo entero, si pierde su alma?" Solo Dios puede llenar los vacíos del corazón y darnos una paz que lo material jamás podrá ofrecer.

Preguntas para reflexionar:

- ¿Estás sacrificando tu bienestar y tu descanso por cosas que realmente no te llenan?

- ¿Te estás agotando en la carrera de la vida, persiguiendo estándares que el mundo te impone?

- ¿Estás sacrificando tu paz por cumplir expectativas que nunca te harán sentir satisfecha?

El verdadero descanso no viene de lo que poseemos, sino de la paz que solo Dios puede dar.

3. Señales de que necesitas descansar

A veces ignoramos el agotamiento hasta que nuestro cuerpo y mente colapsan. Algunas señales de que necesitas pausar son:

- Estás constantemente irritada o de mal humor.

- Te cuesta concentrarte y recordar cosas.

- Sientes que nada es suficiente, aunque hagas mucho.

- Tienes problemas para dormir, aunque estés cansada.

Si te identificas con varias de estas señales, es momento de priorizar tu descanso.

4. Los diferentes tipos de descanso que necesitamos

Descansar no es solo dormir. A veces, podemos dormir ocho horas y aun así sentirnos agotadas. Esto sucede porque el descanso que necesitamos va más allá de lo físico. Hay diferentes tipos de descanso esenciales para renovar nuestro cuerpo, mente y espíritu.

Descanso físico: Es el más obvio, pero muchas veces el más ignorado. Dormir bien, moverte con suavidad y cuidar tu cuerpo. Puedes mejorarlo si:

- Estableces una rutina de sueño consistente, acostándote y despertando a la misma hora todos los días.
- No sacrificas tu descanso por trabajo o distracciones. Dormir menos no te hace más productiva, solo más agotada.
- Realizas actividades que relajen tu cuerpo, como caminar o estirarte.

Descanso mental: Darle un respiro a la mente del ruido constante de información, redes sociales y preocupaciones.

- Haz pausas intencionales durante el día para respirar y desconectarte del ruido digital.
- Reduce el tiempo en pantallas antes de dormir. Tu mente necesita un respiro antes de descansar.
- Evita la sobrecarga de información, es como tener demasiadas pestañas abiertas en una computadora hasta que se congela. Si tu mente está siempre en alerta, nunca podrá renovarse.

Descanso emocional: Sucede cuando cargamos con demasiadas preocupaciones, conflictos internos o el peso de expectativas externas.

- Habla con personas que te escuchen sin juzgarte. Compartir lo que sientes alivia la carga.
- Dedica tiempo a actividades que te den paz, como leer, escribir, orar o simplemente estar en silencio.
- Aprende a establecer límites emocionales, no tienes que cargar con todo ni con todos.
- Liberate del peso de preocupaciones y expectativas externas.
- Establece límites emocionales.

Descanso espiritual: Es el descanso más profundo, aquel que nos da paz cuando soltamos nuestras cargas y confiamos en Dios. No se trata solo de relajación, sino de un descanso interno que nos permite soltar el control y vivir con más confianza.

- Dedica tiempo a la oración y la meditación en la Palabra. Es un refugio en medio del caos.
- Suelta el control. No todo depende de ti, acepta que hay cosas que solo Dios puede manejar.
- Cambia la ansiedad por confianza. Cuando entiendes que Dios está en control, puedes descansar realmente.

5. Cómo empezar a priorizar el descanso en tu vida

Descansar es una parte esencial de una vida equilibrada y saludable. Aquí tienes tres formas prácticas de incorporar el descanso en tu rutina y hacer de él un hábito:

1. **Crea espacios de descanso intencional:** Separa momentos en tu agenda para actividades que realmente te relajen y recarguen. Puede ser un paseo sin prisa, leer un libro, tomar una tarde sin compromisos o simplemente disfrutar de un café en silencio. No veas el descanso como una recompensa que te ganas solo después de estar exhausta; conviértelo en una prioridad.

2. **Aprende a decir "no" sin sentir culpa:** Por lo general, nos agotamos porque aceptamos demasiadas responsabilidades o compromisos por miedo a decepcionar a los demás. Practica decir "no" cuando algo comprometa tu bienestar y aprende a poner límites saludables sin sentir que estás fallando a alguien.

3. **Dedica tiempo diario para estar en calma:** No tienes que esperar al fin de semana para descansar. Pequeños momentos de tranquilidad durante el día pueden marcar una gran diferencia. Puedes empezar con solo 5 o 10 minutos de silencio, respiración profunda o meditación en la Palabra. No subestimes el impacto de estas pausas en tu energía y bienestar.

Descansar no es opcional, es una necesidad para vivir con propósito. Es el combustible que necesitas para seguir avanzando.

Ejercicio práctico:

1. Escribe tres cosas que podrías hacer para mejorar tu descanso.

_____

_____

_____

2. Define un día a la semana donde harás algo solo para ti. _____

3. Comprométete a soltar la culpa cuando tomes tiempo para recargarte.

Un nuevo comienzo.

Si sientes que has estado viviendo en agotamiento, hoy es el momento de cambiarlo.

- Haz una pausa. Respira profundo.
- Reconoce que tu valor no depende de cuánto haces, sino de quién eres.
- Decide empezar a descansar sin culpa.

¿Estás lista para hacer del descanso una parte esencial de tu vida?

CAPÍTULO 12

La gratitud lo cambia todo

No siempre podemos controlar lo que nos sucede, pero sí podemos elegir cómo lo vemos y cómo reaccionamos. La gratitud es una de las herramientas más poderosas para transformar nuestra perspectiva y, con ello, nuestra vida.

Ser agradecida no significa ignorar las dificultades ni fingir que todo está bien. Es entrenar nuestra mente y nuestro corazón para enfocarnos en lo bueno, incluso en medio de los desafíos. A lo largo de este capítulo, veremos cómo la gratitud puede cambiar nuestra manera de vivir y cómo hacer de ella un hábito diario.

1. La gratitud no es solo un sentimiento, es una decisión.

A menudo creemos que la gratitud es una emoción espontánea, algo que sentimos solo cuando las cosas van bien. Pero la verdad es que la gratitud es una elección consciente. Dos personas pueden vivir la misma situación, pero una se enfoca en lo negativo y la otra en lo positivo. Una ve problemas, la otra ve oportunidades. Una se queja, la otra agradece lo que tiene. La diferencia no está en la circunstancia, sino en el enfoque.

Ejercicio de reflexión:

Piensa en algo que te haya sucedido recientemente. Ahora, míralo desde la perspectiva de la gratitud:

La gratitud lo cambia todo

- ¿Qué aprendiste de esa experiencia?

- ¿Cómo te ayudó a crecer?

- ¿Hubo algo positivo dentro de lo difícil?

Cambiar el enfoque cambia nuestra manera de vivir.

2. Cómo la gratitud transforma tu bienestar.

La gratitud no solo nos hace sentir mejor emocionalmente, sino que también impacta nuestra salud y bienestar de formas sorprendentes. Diversos estudios han demostrado que practicar la gratitud de manera constante:

- Reduce el estrés y la ansiedad.
- Mejora la calidad del sueño.
- Aumenta la felicidad y el bienestar emocional.
- Fortalece nuestras relaciones.

101

Cuando hacemos del agradecimiento un hábito, nuestro enfoque cambia. Dejamos de centrarnos en lo que nos falta y comenzamos a valorar lo que tenemos. Esto no solo nos hace más felices y optimistas, sino que también fortalece nuestra mente y cuerpo, ayudándonos a vivir con mayor paz y plenitud.

3. Practicar la gratitud incluso en tiempos difíciles.

Es fácil ser agradecidas cuando todo va bien. El desafío es practicar la gratitud en medio de los momentos difíciles. Aquí te comparto tres formas de hacerlo:

- Encuentra al menos UNA cosa por la que estar agradecida cada día.

Incluso en los peores días, siempre hay algo bueno. Puede ser un amigo que te apoyó, un momento de paz en medio del caos o algo que aprendiste de una situación difícil.

- Usa la gratitud para cambiar tu diálogo interno.

Lo que nos decimos a nosotras mismas tiene un impacto directo en nuestra vida. Transforma tu forma de pensar con estos ejemplos:

✗ "Estoy cansada de tener tantos problemas."→✓ "Estoy agradecida por la fuerza que tengo para enfrentar esto."

✗ "Nada me sale bien."→✓ "Hoy no salió como esperaba, pero estoy aprendiendo y mejorando."

La gratitud lo cambia todo

Al cambiar nuestras palabras, cambiamos nuestra percepción de la vida.

4. La gratitud y su impacto en nuestras relaciones.

Ser agradecidas no solo transforma nuestra vida, sino también la de quienes nos rodean. Cuando expresamos gratitud:

- Fortalecemos nuestras relaciones.
- Creamos vínculos más profundos y significativos.
- Motivamos a otros a sentirse valorados y apreciados.

Ejercicio práctico:

Piensa en una persona que ha estado presente para ti. ¿Cuándo fue la última vez que le agradeciste sinceramente?

1. Elige a tres personas importantes en tu vida.
2. Escríbeles un mensaje de agradecimiento.
3. Observa cómo ese pequeño gesto fortalece su vínculo.

Un simple "gracias" puede fortalecer relaciones, traer más amor y conexión a tu vida.

5. Gratitud y abundancia: cómo atraer más cosas buenas a tu vida.

La gratitud no solo nos ayuda a valorar lo que tenemos, sino que también abre la puerta para recibir más.

<u>Principio clave:</u> Cuando apreciamos lo que ya tenemos, estamos en mejor disposición de recibir más. Si solo te enfocas en lo que te falta, siempre sentirás escasez. Pero si agradeces lo que tienes, verás oportunidades en todas partes.

Cada vez que sientas que "te falta algo", cambia el enfoque y agradece algo que ya tienes. La gratitud cambia nuestra energía y nos prepara para recibir más bendiciones.

Un nuevo comienzo.

Hoy quiero invitarte a hacer algo diferente:

- Empieza y termina tu día con gratitud.
- Cambia tu diálogo interno, usando palabras de agradecimiento.
- Expresa tu gratitud a los demás y observa cómo se fortalecen tus relaciones.

Recuerda, la gratitud no es solo una emoción, es un estilo de vida.

¿Estás lista para empezar a vivir con una nueva actitud de gratitud?

CAPÍTULO 13

Cómo convertir las caídas en nuevos comienzos

En la vida, no importa cuánto nos preparemos, siempre habrá momentos difíciles. Nadie está exento de desafíos, fracasos o pérdidas. Pero lo que realmente define nuestro destino no es lo que nos sucede, sino cómo respondemos ante ello. La resiliencia no se trata de ser invulnerables ni de ignorar el dolor, sino de aprender a levantarnos después de cada caída, encontrar fortaleza en medio de la adversidad y seguir adelante, aun cuando todo parezca estar en contra.

La resiliencia no es un don exclusivo de algunas personas ni algo con lo que simplemente se nace. Es una habilidad que todas podemos desarrollar y fortalecer con el tiempo. En este capítulo, exploraremos cómo cultivar una mentalidad resiliente y convertir los momentos difíciles en oportunidades de crecimiento.

¿Por qué algunas personas se rinden y otras siguen adelante?

Frente a una misma adversidad, algunas personas se derrumban mientras que otras se fortalecen. La diferencia no radica en la cantidad de problemas que enfrentan, sino en cómo los interpretan y reaccionan ante ellos. Ser resiliente no significa que el dolor o la dificultad no nos afecten, sino que no permitimos que nos definan.

Nuestra mente tiende a caer en pensamientos automáticos como: "Esto es el fin", "No voy a poder con esto" o "No tiene sentido seguir intentándolo". Sin embargo, las personas resilientes han aprendido a reformular estos pensamientos. En lugar de ver la adversidad como una derrota, la ven como una prueba que pueden superar. No niegan la dificultad, pero tampoco se quedan atrapadas en ella.

La manera en que nos hablamos a nosotras mismas en momentos de crisis también influye en nuestra capacidad para salir adelante. Si nuestra voz interna refuerza el miedo y la desesperanza, será más difícil levantarnos. Pero si aprendemos a hablarnos con compasión y valentía, encontraremos la fuerza para seguir adelante.

Cómo desarrollar resiliencia en tiempos difíciles

Ser resiliente no significa ignorar el dolor o fingir que todo está bien, sino aprender a enfrentar la realidad con valentía y encontrar formas de seguir avanzando, incluso en medio de la tormenta.

Parte de aceptar que el dolor y la dificultad son parte de la vida. Muchas veces sufrimos más por resistirnos a lo que nos sucede que por el problema en sí. En lugar de preguntarnos: "¿Por qué a mí?", podemos replantear la pregunta: "¿Cómo puedo salir más fuerte de esto?".

Luego cambia la perspectiva sobre los desafíos, en lugar de verlos como castigos o fracasos, podemos empezar a verlos como oportunidades de crecimiento. Aunque en el momento parezca imposible, los momentos más duros de nuestra vida nos preparan para algo mejor.

También es fundamental aprender a gestionar nuestras emociones. No se trata de reprimir lo que sentimos, sino de procesarlo sin quedar atrapadas en la negatividad. Es importante darnos permiso para sentir tristeza, enojo o frustración, pero sin permitir que esas emociones definan nuestro futuro.

Cómo levantarte cuando sientes que no puedes más

Hay momentos en los que la adversidad parece demasiado grande y nos sentimos sin fuerzas para seguir adelante. En esos momentos, la clave no es encontrar una solución inmediata, sino dar pequeños pasos que nos ayuden a recuperar nuestra fortaleza.

Un ejercicio poderoso es recordar otros momentos difíciles que hemos superado, a veces creemos que esta vez será diferente, que no podremos levantarnos, pero si miramos atrás, nos daremos cuenta de que ya hemos superado situaciones que en su momento parecían imposibles.

Rodearnos de personas que nos impulsen también es fundamental. La resiliencia no significa que tengamos que hacerlo solas. Pedir ayuda no es un signo de debilidad, sino de inteligencia. Buscar apoyo en amigos, familiares o comunidades donde nos sintamos comprendidas puede marcar una gran diferencia en nuestra capacidad para recuperarnos.

También es importante enfocarnos en lo que sí podemos controlar. En medio de una crisis, es fácil sentirnos impotentes, pero siempre hay algo, por pequeño que sea, que está en nuestras manos. Tal vez no podamos cambiar la situación de inmediato, pero sí podemos decidir cómo reaccionamos ante ella.

La mentalidad de una persona resiliente

Las personas resilientes eligen enfocarse en lo que pueden aprender en lugar de quedarse atrapadas en lo que perdieron. En lugar de lamentarse por el pasado, miran hacia adelante con esperanza. No se ven a sí mismas como víctimas, sino como protagonistas de su historia. Aceptan lo que no pueden cambiar y trabajan en lo que sí pueden transformar.

Transformando el dolor en crecimiento

A lo largo de la historia, muchas personas han convertido su sufrimiento en una fuente de propósito y fortaleza. Las experiencias difíciles pueden hacernos más sabias, compasivas y fuertes. El dolor no tiene que ser el final de la historia; puede ser el comienzo de una nueva versión de nosotras mismas.

Una de las maneras más poderosas de transformar el dolor es ayudar a otros que están pasando por lo mismo. A veces, lo que nos sanará no es solo superar nuestra propia lucha, sino usar lo que aprendimos para apoyar a alguien más. Cuando convertimos nuestras cicatrices en una fuente de fortaleza para otros, el dolor deja de ser una carga y se convierte en una herramienta de transformación. En 1 Corintios 10:13, Dios nos recuerda: *"Las tentaciones que enfrentan en su vida no son distintas de las que otros atraviesan. Y Dios es fiel; no permitirá que la tentación sea mayor de lo que puedan soportar. Cuando sean tentados, él les mostrará una salida, para que puedan resistir".*

Un nuevo comienzo

No podemos evitar todas las dificultades de la vida, pero sí podemos decidir cómo enfrentarlas. La resiliencia no significa que nunca nos sentiremos derrotadas, sino que, a pesar de ello, encontraremos la forma de seguir adelante.

Hoy quiero invitarte a hacer algo. Piensa en un momento difícil que hayas atravesado en el pasado. Reflexiona sobre lo que aprendiste de esa experiencia y cómo te hizo más fuerte. Luego, escríbelo y guárdalo como un recordatorio de que, sin importar lo que venga en el futuro, tienes la capacidad de superarlo.

Cada vez que decides levantarte, te vuelves más fuerte.

¿Estás lista para enfrentar la vida con una nueva mentalidad de resiliencia?

Capítulo 14

Vive con propósito

No ha sido casualidad lo que has leído hasta ahora. Pero esto no tendría sentido si no supiéramos de dónde venimos, hacia dónde vamos y por qué hacemos lo que hacemos.

Si alguna vez te has preguntado: "¿Por qué nací?", quiero recordarte algo fundamental: tu vida no es un accidente. No llegaste a este mundo por casualidad, ni eres un error del destino. Dios te pensó antes de que nacieras y te creó con un propósito único. Isaías 44:2 nos recuerda: *"Yo soy tu creador. Te cuidé antes de que nacieras".*

Uno de los libros que más ha impactado mi vida en este tema fue *"Una vida con propósito"*, del pastor Rick Warren. En él se explica que la única manera de comprender nuestra identidad y el verdadero significado de nuestra vida es a través de Dios y de lo que Él ha hecho por nosotros. Muchas veces buscamos propósito en el éxito, en el reconocimiento o en nuestros logros, cuando en realidad la clave está en mirar hacia nuestro Creador. Dios no dejó nada al azar cuando te formó: Él decidió cuándo y dónde nacerías, cuánto tiempo vivirías y qué talentos te daría. Su amor es la razón de tu existencia, y solo en Él puedes encontrar tu verdadero propósito.

Si alguna vez te has sentido perdida o has pensado que tu vida no tiene sentido, quiero invitarte a cambiar tu perspectiva. No estás aquí por coincidencia. Dios te diseñó con intención y tu vida tiene un significado más grande del que imaginas.

¿Qué significa vivir con propósito?

Vivir con propósito no significa que cada día será perfecto ni que siempre sabremos exactamente qué hacer. No se trata de tener todas las respuestas, sino de tener una dirección clara que nos guíe. El propósito no es solo "lo que hacemos", sino la razón detrás de lo que hacemos.

Dos personas pueden trabajar en la misma empresa, pero una siente que simplemente "cumple con su trabajo", mientras que la otra ve su labor como una oportunidad para ayudar, inspirar y aportar valor. La diferencia entre ambas no está en el trabajo en sí, sino en la perspectiva con la que lo viven.

Cuando vivimos con propósito, nuestras decisiones no están basadas solo en lo que el mundo espera de nosotras. Entendemos que no estamos aquí por casualidad y que cada oportunidad es un medio a través del cual Dios puede usarnos para impactar a otros. Dejamos de reaccionar a lo que la vida nos lanza y empezamos a caminar con intención, alineando cada paso con Su plan.

¿Cómo descubrir tu propósito?

Si alguna vez te has preguntado: "¿Para qué estoy aquí?", no estás sola. Muchas personas vivimos años sintiendo que no tenemos un rumbo claro. Pero la buena noticia es que el propósito no es algo que tenemos que encontrar fuera de nosotras, sino algo que ya está dentro de nosotras y debemos descubrir.

Aquí hay tres preguntas clave que te ayudarán a encontrar pistas sobre tu propósito:

- **¿Qué actividades te hacen perder la noción del tiempo?** Aquello que disfrutas tanto que podrías hacerlo durante horas sin sentirte agotada, aunque para otros parezca difícil.

- **¿Qué problemas te duele ver en el mundo?** A menudo, nuestro propósito está ligado a lo que nos mueve a generar un cambio o una solución.

- **¿En qué áreas las personas suelen pedirte ayuda o consejo?** Lo que otros ven en ti como una fortaleza puede ser una señal de tu propósito.

Los bloqueos que nos impiden vivir con propósito

El propósito sigue siendo un misterio para quienes quedan atrapadas en pensamientos limitantes como:

- "No sé por dónde empezar". Pensamos que encontrar nuestro propósito es complicado, cuando en realidad es un proceso de autoconocimiento y acción.

- "No tengo suficiente talento o recursos". Creemos que necesitamos estar más preparadas antes de comenzar, cuando lo único que necesitamos es decidirnos y avanzar.

La realidad es que tu propósito no tiene que ser enorme ni complicado. No necesitas esperar "el momento perfecto" porque Dios ya tiene un plan diseñado para ti.

Cómo empezar a vivir con propósito hoy mismo

Para vivir con propósito es importante entender que fuiste creada por Dios y para Dios. Sin Él, la vida pierde su verdadero significado. Colosenses 1:16 nos recuerda: *"Porque todo, absolutamente todo, en el cielo y en la tierra, visible e invisible... todo comenzó en Él y para los propósitos de Él."*

Dios no solo es el punto de partida de nuestra existencia, sino también la fuente que nos da dirección. Si intentamos encontrar nuestro propósito enfocándonos solo en nosotras mismas, nunca llegaremos a comprender completamente el plan que Él tiene para nuestra vida.

Vivir con propósito no ocurre de la noche a la mañana, sino que es el resultado de una serie de pequeñas decisiones diarias alineadas con la voluntad de Dios.

Aquí hay tres pasos clave para empezar:

1. Define tus valores esenciales. Pregúntate qué es lo más importante para ti. ¿Tu relación con Dios? ¿La familia? ¿El crecimiento personal? ¿La contribución a los demás? Tus valores te ayudarán a tomar mejores decisiones.

2. Empieza con lo que tienes ahora. Dios ya ha puesto en ti todo lo que necesitas. Usa los recursos y talentos que Él te ha dado para impactar el lugar donde estás hoy.

3. Toma acción intencional cada día. Pregunta: "¿Qué puedo hacer hoy que me acerque más al propósito que Dios tiene para mí?" Puede ser algo pequeño, pero cada avance cuenta.

Un nuevo comienzo

Tu propósito no es algo fijo que descubres de un día para otro, sino una relación continua con Dios en la que Él te guía paso a paso. Lo importante no es tenerlo todo claro desde el inicio, sino estar dispuesta a confiar en Su dirección, crecer y aprender en el camino.

Quiero invitarte a reflexionar y orar sobre estas preguntas:

- Señor, ¿qué es lo que realmente has puesto en mi corazón?

- ¿Cómo puedo vivir de manera más alineada con Tu propósito?

- ¿Qué pequeño paso puedo dar hoy para acercarme a la vida que Tú has preparado para mí?

No tienes que esperar a que todo tenga sentido, solo tienes que dar el siguiente paso con fe, sabiendo que Dios ya ha trazado el camino delante de ti.

¿Estás lista para vivir con propósito?

Capítulo 15

Despierta tu confianza: cree en ti y hazlo realidad

A lo largo de este libro, hemos hablado de soltar lo que nos limita, sanar heridas, renovar nuestra mente, rodearnos de las personas correctas, tomar acción y vivir con propósito. Todo esto ha sido un camino de transformación, un proceso que te ha preparado para algo más grande: *volver a creer en ti misma.*

Tal vez iniciaste este libro llena de dudas, con miedo a fallar y con inseguridad sobre tu potencial. Pero ahora quiero que te hagas esta pregunta: "¿Y si todo lo que necesito ya está dentro de mí?" Porque sí, así es. La confianza en ti no es algo externo que debes buscar, es una llama que siempre ha estado en tu interior, aunque las experiencias del pasado la hayan apagado. Pero hoy, después de todo lo que has aprendido, ha llegado el momento de encenderla de nuevo.

La inseguridad no define quién eres

La inseguridad no nace de lo que eres hoy, sino de lo que has vivido antes. Las heridas, los fracasos y las palabras que te dijeron han dejado cicatrices que han sembrado dudas en tu interior. Pero sanar no significa olvidar, sino soltar el peso que ya no te pertenece. No puedes construir una vida llena de confianza si sigues atada a las voces del pasado que te dicen que no eres suficiente. Dios no te ve a través de tus errores ni de tus fracasos. Él te ve como la mujer valiosa y capaz que siempre has sido.

Despierta tu confianza: cree en ti y hazlo realidad

Piensa en algo del pasado que aún te hace dudar de ti. Pregúntate: "¿Voy a seguir dejando que esto me defina o decido soltarlo para avanzar?"

La forma en que te hablas a ti misma crea tu realidad

Si llevas años repitiéndote que "no eres lo suficientemente buena", ¿cómo esperas actuar con seguridad? La confianza no se trata solo de lo que haces, sino de lo que piensas sobre ti misma. Tus pensamientos crean tu realidad. Mírate con amor y reconoce que tienes todo lo necesario para lograr tus metas.

Cierra los ojos y repite en voz alta: "Soy capaz. Soy valiosa. Estoy lista para lo que viene."

¿Cómo se siente decirlo? ¿Cómo se siente afirmarlo con seguridad?

Deja de creer que la confianza es algo que un día llegará de repente. La confianza no aparece antes de la acción, sino después. Atrévete a dar el primer paso, incluso con miedo. Demuéstrate a ti misma de lo que eres capaz.

Tu entorno influye en tu confianza

Las personas con las que te rodeas tienen el poder de impulsarte o frenarte. La confianza se alimenta, y tu entorno juega un papel fundamental. Rodéate de quienes creen en ti y te recuerdan tu valor.

Piensa en las cinco personas con las que más tiempo pasas. ¿Te impulsan o te frenan? Si necesitas hacer cambios en tu entorno, este es el momento.

Pero aquí está la verdad más importante de todas: Dios te creó con un propósito y te ha dado todo lo que necesitas para cumplirlo. Cuando Dios te diseñó, no cometió errores. No te hizo insegura, no te hizo insuficiente. Eres Su creación perfecta, y dentro de ti hay dones y talentos que fueron puestos ahí con intención. La confianza verdadera no se basa en lo que puedes hacer por tu cuenta, sino en lo que puedes lograr cuando caminas con Dios. Tu propósito es más grande que tus miedos.

Si me permites, quiero que repitas conmigo:

"Señor, hoy decido verte como mi fuente de confianza. Ayúdame a soltar mis dudas y a creer en lo que has puesto dentro de mí. Guíame para caminar con seguridad en el propósito que tienes para mí."

Si llegaste hasta aquí, quiero que sepas algo: ya no eres la misma mujer que empezó este libro.

Tal vez aún tengas dudas, tal vez aún sientas miedo, pero la diferencia es que ahora tienes herramientas. Ahora sabes que puedes avanzar a pesar de esas dudas.

Una decisión para creer en ti

Hoy quiero invitarte a tomar una decisión: elegir creer en ti, aunque todavía no lo sientas al 100%. No tienes que esperar a que alguien más lo haga por ti. No necesitas la validación del mundo. La confianza en ti misma es una elección diaria, y hoy necesitas atreverte a comenzar.

Abraza el esfuerzo, el proceso y la dedicación que requiere convertirte en la mujer que estás llamada a ser.

Antes de cerrar este capítulo, quiero dejarte con un último ejercicio:

1. Escribe tres razones por las que eres capaz y valiosa.
2. Elige una acción que harás esta semana para demostrarte a ti misma que confías en ti.
3. Comprométete a recordarte cada día: "Dios me creó con propósito y confío en lo que ha puesto en mí."

¿Estás lista para empezar a creer en ti como nunca antes?

Conclusión
Tu transformación apenas comienza

Has llegado al final de estas páginas, pero no es el final de tu camino. Cada capítulo ha sido un viaje hacia adentro, hacia lo que eres, lo que creíste que no podías ser y lo que realmente puedes llegar a ser. No fue casualidad que llegaras hasta aquí. Algo dentro de ti sabía que era el momento de cambiar, de dar el siguiente paso, de dejar atrás lo que te ha limitado y empezar a vivir con intención.

Ahora tienes claridad, herramientas y una nueva perspectiva sobre lo que eres capaz de lograr. Pero la verdadera transformación no ocurre solo con leer un libro, sino con la acción. No permitas que este conocimiento se quede en inspiración momentánea. Usa lo que has aprendido para dar pasos reales, aunque sean pequeños.

No tienes que esperar el momento perfecto ni tener todas las respuestas. Solo tienes que empezar. Algo dentro de ti ha cambiado. Ahora sabes que el miedo, la duda y los desafíos seguirán apareciendo, pero ya no tienen el control. Has aprendido que la confianza en ti misma no es un sentimiento, sino una decisión. Que la disciplina y los hábitos correctos te llevan más lejos que la motivación momentánea. Que tu entorno influye en tu crecimiento, pero tú eliges con quién caminar. Y, lo más importante, que Dios te creó con un propósito, que tu vida tiene significado y que no estás aquí por casualidad.

No dejes que pase un día más sin empezar a construir la vida que realmente deseas. No esperes sentirte lista, porque la verdad es que nadie se siente 100 % lista para un gran cambio. Si no tomas acción ahora, en un año podrías estar exactamente en el mismo lugar, con los mismos miedos, las mismas dudas y la misma sensación de estancamiento. O podrías mirar atrás y ver cuánto has crecido, cuánto has logrado y cuántos pasos has dado hacia la mujer que realmente quieres ser.

UNA PROMESA CONTIGO MISMA

Quiero invitarte a hacer algo. Tómate un momento a solas, respira profundo y escribe una carta para ti misma. No tiene que ser larga ni perfecta. Solo escribe con honestidad sobre cómo te sientes después de haber recorrido este camino, qué miedos vas a dejar atrás y cuál será el primer paso que darás para empezar tu transformación.

Guarda esta carta en un lugar especial. Léela cada vez que sientas dudas, que la inseguridad vuelva, que te preguntes si realmente puedes lograrlo. Porque la respuesta es SÍ. Sí puedes.

No esperes más. La mejor versión de ti no está en un futuro lejano. Está esperándote aquí y ahora.

MENSAJE DE LA AUTORA

Querida lectora, gracias por permitirme acompañarte en este viaje. Espero que estas páginas hayan tocado tu corazón y hayan encendido en ti la chispa de un nuevo comienzo. No olvides que eres valiosa, amada y capaz de lograr cosas que ni siquiera puedes imaginar. Mi oración es que este libro sea solo el inicio de una transformación profunda en tu vida, una que te lleve a descubrir todo lo que Dios ha preparado para ti.

Recuerda siempre: no estás sola. El camino puede ser difícil, pero nunca lo recorrerás sin la fuerza y el amor de Dios guiándote. Ahora, es tu turno de tomar todo lo que has aprendido y convertirlo en acción. Sé valiente, sé auténtica y nunca dejes de creer en el propósito que Dios ha puesto en tu vida.

Así que quiero dejarte con una última pregunta… ¿Qué pasaría si creyeras en ti?

Mi deseo es que, al cerrar este libro, ya tengas la respuesta. Porque ahora sabes que cuando crees en ti, todo cambia, todo es posible, y nada podrá detenerte.

¡Ahora ve y hazlo realidad!

Con amor y gratitud,

Carolina Alba.

www.ingramcontent.com/pod-product-compliance
Lightning Source LLC
Chambersburg PA
CBHW062101270326
41931CB00013B/3169